O AMOR ESQUECE DE COMEÇAR

Do Autor:

As Solas do Sol
Cinco Marias
Como no Céu & Livro de Visitas
O Amor Esquece de Começar
Meu Filho, Minha Filha
Um Terno de Pássaros ao Sul
Canalha!
Terceira Sede
www.twitter.com/carpinejar
Mulher Perdigueira
Borralheiro
Ai Meu Deus, Ai Meu Jesus
Espero Alguém
Me Ajude a Chorar
Para Onde Vai o Amor?
Todas as Mulheres
Felicidade Incurável
Amizade também é amor
Minha esposa tem a senha do meu celular
Cuide dos seus pais antes que seja tarde
Biografia de uma árvore
Carpinejar
Médico de roupas
Vovó é poder
A menina alta

CARPINEJAR

O AMOR ESQUECE DE COMEÇAR

1ª edição

Rio de Janeiro | 2023

CIP-BRASIL. CATALOGAÇÃO NA FONTE
SINDICATO NACIONAL DOS EDITORES DE LIVROS, RJ

C298a Carpinejar, 1972-
O amor esquece de começar / Carpinejar. - 1. ed. - Rio de Janeiro : Bertrand Brasil, 2023.

ISBN 978-65-5838-139-6

1. Crônicas brasileiras. I. Título.

22-79722 CDD: 869.8
CDU: 82-94(81)

Meri Gleice Rodrigues de Souza - Bibliotecária - CRB-7/6439

Copyright © Fabrício Carpi Nejar, 2005

Capa: Leonardo Iaccarino

Texto revisado segundo o Acordo Ortográfico da Língua Portuguesa de 1990.

Todos os direitos reservados.
Não é permitida a reprodução total ou parcial desta obra, por quaisquer meios, sem a prévia autorização por escrito da Editora.

Direitos exclusivos de publicação em língua portuguesa somente para o Brasil adquiridos pela:
EDITORA BERTRAND BRASIL LTDA.
Rua Argentina, 171 — 3º andar — São Cristóvão
20921-380 — Rio de Janeiro — RJ
Tel.: (21) 2585-2000

Seja um leitor preferencial. Cadastre-se no site www.record.com.br e receba informações sobre nossos lançamentos e nossas promoções.

Atendimento e venda direta ao leitor:
sac@record.com.br

Para Rose, minha melhor amiga,
que recolheu dezenas de cachorros,
sentimentos e lembranças da rua,
e ensinou o que é uma casa,
o que é ser uma casa.

*Estas frases de amor que se repiten tanto
no son nunca las mismas.*
Pedro Salinas

Quando estamos sozinhos, somos pela metade.
Quando somos dois, somos um.
Quando deixamos de ser um dos dois,
não somos nem a metade que começou a história.

Sumário

DAR UM TEMPO 15

TODA MANHÃ 18

EMBRULHE-ME COM JORNAL 21

PÁSSAROS COMEM NA MÃO 24

CILADAS 27

MEDO DE SE APAIXONAR 30

GÊMEOS 33

O AMOR DÁ TRABALHO 36

GÍRIA MASCULINA 38

OLHAR FIXO É ESTAR LONGE 40

DISTÂNCIA E DISTANCIAMENTO 42

AINDA É, MESMO QUANDO JÁ FOI 45

FUI O QUE AINDA POSSO SER 47

DESEJO NÃO É CARÊNCIA 50

INGRATO 52

QUAL MOMENTO? 56

FULMINANTE 59

NEM TODO ARROZ É SOLTEIRO 62

A ÚLTIMA 65

SOLIDÃO NÃO É PREJUDICIAL À SAÚDE 67

PAI MATERNO 69

A MULHER É UM FIGO 71

LEVEZA 73

DESAMADOR 75

MANICURE 78

COISAS FAMILIARES 80

VISTA GROSSA, MALHA FINA 83

NÃO SER AMADO 86

BIPOLAR 88

ESTILHAÇOS DE VIDRO 90

DEIXE-ME DANÇAR SUA VIDA 91

CHALEIRA DO MAR 93

CHAPÉU DE RECADOS 95

BODAS OU APOCALIPSE? 98

PARA DOIS 100

GATOS, CÃES E PASSARINHOS 102

ANIVERSÁRIO 104

SEM COMPAIXÃO 107

O DESGOVERNO 109

QUANDO ELA GOZA 112

A EX-CASADA 114

CEDER 117

BRINCAR DIFERENTE 119

COBRANÇAS 122

O CHEIRO 124

AMALDIÇOADO DE TERNURA 125

ENTRE A DESCULPA E O PERDÃO 127

MULHERES 129

PORTA GIRATÓRIA, BOLACHA RECHEADA

E EXPLICAÇÕES PELA METADE 132

DE BANHO TOMADO 135

POR FAVOR 138

UM DIA A MENOS 140

AMOR VIRTUAL 143

PRIMEIRO DIA 146

A BELEZA DORMINDO 150

PAPEL DE PRESENTE 152

ESSE GEMIDO 154

A SOLIDÃO CUSTA CARO 156

DIA ÚTIL 158

_ _ _ C _ 160

O EX-CASADO 163

SEIS MESES 166

DESENHO ANIMADO 169

A RESPOSTA 171

UM VIOLINISTA NO TELHADO 174

PEDIDO 176

FÉ E ÁLBUM DE FIGURINHAS 178

ANA COMPLETA 36 ANOS 181

DOIS AMORES AO MESMO TEMPO 183

DESISTIR 186

DESABOTOANDO A CAMISA DA CINTURA AOS SEIOS 189

CAIXA DOIS DO AMOR 192

SEPARAÇÃO 195

IMPREVISÍVEL 197

LIGADURA E VASECTOMIA NO CORAÇÃO 199

VIDA A DOIS OU DOIS EM UM 201

DIÁRIOS DE UMA VIAGEM POR VOLTA DA BOCA 204

SEXO COM AMOR 205

CONTRA A FALSA SINCERIDADE 208

"EU TAMBÉM" 210

SEI 212

O FIM DA LINHA É O COMEÇO DA MÃO 214

AMARRE MEU CORAÇÃO NA PRIMEIRA ÁRVORE 217

O PRIMEIRO BEIJO 220

INDECISÃO 223

NOJO 226

O CREPÚSCULO TEM FOLHAS VERDES 228

TAMPO DE VIDRO 230

PARA SE PRIVAR DO INVISÍVEL 232

UMA HISTÓRIA DE AMOR 234

O AMOR É PREVISÍVEL 237

MINHA AMIGA 239

NO MESMO LUGAR 241

AMOR PERFEITO 244

MANDRAKE! 246

DELICADEZA 249

CARLA 251

PRIMEIRO E SEGUNDO AMORES 254

A FALTA DE OPÇÃO 256

EX-MULHER 258

VELHICE 259

DESTINATÁRIO DESCONHECIDO... 261

CADEIRA DE BALANÇO 262

ADEUS, MEU AMOR 264

ONDE EU ERREI? 267

VÍCIOS E FALHAS 270

VENENO 272

PODE CHORAR EM MINHA BOCA 273

DESTINATÁRIO DESCONHECIDO 275

SOLIDÃO DE MÃE 278

O QUE UM HOMEM QUER? 280

O QUE UMA MULHER QUER? 284

DAR UM TEMPO

Não conheço algo mais irritante do que dar um tempo, para quem pede e para quem recebe. O casal lembra um amontoado de papéis colados. Papéis presos.

Tentar desdobrar uma carta molhada é difícil. Ela rasga nos vincos. Tentar sair de um passado sem arranhar é tão difícil quanto. Vai rasgar de qualquer jeito, porque envolve expectativa e uma boa dose de suspense.

Os pratos vão quebrar, haverá choro, dor de cotovelo, ciúme, inveja, ódio. É natural explodir. Não é possível arrumar a gravata ou pintar o rosto quando se briga. Não se fica bonito, o rosto incha com ou sem lágrimas.

Dar um tempo é se reprimir, supor que se sai e se entra em uma vida com indiferença, sem levar ou deixar algo.

Dar um tempo é uma invenção fácil para não sofrer. Mas dar um tempo faz sofrer, pois não se diz a verdade.

Dar um tempo é igual a praguejar "desapareça da minha frente". É despejar, escorraçar, dispensar. Não há delicadeza. Aspira ao cinismo. É um jeito educado de faltar com a educação.

Dar um tempo não deveria existir porque não se deu a eternidade antes.

Quando se dá um tempo é que não há mais tempo para dar, já se gastou o tempo com a possibilidade de um novo romance. Só se dá um tempo para avisar que o tempo acabou. E amor não é consulta, não é terapia, para se controlar o tempo.

Quem conta beijos e olha o relógio insistentemente não está vivo para dar tempo. Deveria dar distância; tempo, não. Tempo se consome, acaba, não é mercadoria, não é corpo. Tempo esgota, como um pássaro lambe as asas e bebe o ar que sobrou de seu voo.

Qualquer um odeia eufemismo, compaixão, piedade tola. Odeia ser enganado com sinônimos e atenuantes. Odeia ser abafado, sonegado, traído por um termo. Que seja a mais dura palavra, nunca dar um tempo.

Dar um tempo é uma ilusão que não será promovida a esperança. Dar um tempo é tirar o tempo.

Dar um tempo é fingido. Melhor a clareza do que os modos.

Dar um tempo é covardia, é para quem não tem coragem de se despedir.

Dar um tempo é um tchau que não teve a convicção de um adeus.

Dar um tempo não significa nada e é justamente o nada que dói.

Resumir a relação a um ato mecânico dói. Todos dão um tempo e ninguém pretende ser igual a todos nessa hora. Espera-se algo que escape do lugar-comum. Uma frase honesta, autêntica, sublime, ainda que triste.

Não se pode dar um tempo, não existe mais convergência de tempo entre os dois.

Dar um tempo é roubar o tempo que foi. Convencionou-se como forma de sair da relação limpo e de banho lavado, sem sinais de violência.

Ora, não há maior violência do que dar um tempo. É mandar matar e acreditar que não se sujou as mãos. É compatível em maldade com "quero continuar sendo seu amigo".

O que se adia não será cumprido depois.

TODA MANHÃ

A você, que tem um porta-retrato do filho ao lado do computador, com folhas atoladas na segunda gaveta, que não acredita em nada mais para não forçar a esperança a acreditar em você, que entrou neste livro talvez por acidente ou por curiosidade, que mal passou os olhos pela primeira linha e viu que não era com você, peço que fique mais um pouco para descobrir realmente que não é com você. Nada disso é com você; e tudo pode vir a ser. É com você, que nunca está satisfeita com a altura da cadeira, mas também não sabe como girar a manivela, que diminui os passos para escutar o bambu plagiando a chuva, que falo.

A você, que gostaria de ser mais percebida, mais elogiada, mais viva, que ninguém nota o vestido novo, o cabelo cortado, que chega ao trabalho pensando que causará outra impressão, e o espaço vai repetindo o dia anterior.

A você, que cuidou dos irmãos pequenos, que comprava cigarro para o pai e leite para a mãe, que teve que pular a janela para sair com os amigos.

A você que não está satisfeita com o emprego, com os hábitos, com o número das calças, com o guarda-roupa, com o guarda-chuva, que espera as próximas férias como um domingo prolongado, que gostaria de dormir mais e ser penteada pelo vento antes de acordar.

A você, cheia de expectativas, que se diplomou e pensou que tudo estaria resolvido, que se casou e pensou que tudo então estava pronto, que teve um filho e pensou que tudo estava chegando. Não a conheço, muito menos sei o que lhe aconteceu na infância, qual foi o primeiro namorado, a primeira transa, o primeiro choque, o primeiro porre, o primeiro do primeiro amor, o primeiro do último amor; é justamente a você que começo a escrever dentro de sua desistência.

A você, que nunca pensou que o riso também precisa de aquecimento para não se machucar em rugas, que deseja ler de manhã e viver o que se lê de tarde, e que não lê de manhã nem vive de tarde, e sobra a noite para fazer de noite.

A você, que é uma promessa de cheiro, de chá, que coloca perfume nos pulsos e no pescoço, que tem receio de chorar onde não se chora, de falar o que não se deveria, que se controla e se autocensura para não se entregar.

A você, que passou a vida a disciplinar o desespero, que segura a bolsa perto do quadril, que é suave para olhar de canto.

A você, que está aqui e não se resolve, porque não é aqui que está, mas dentro daquilo que procura. Alguns procuram um endereço; outros, um sentido.

A você, que escuta o sangue e não entende.

A você, que quer explicações para não se contentar com relatórios, para não se apaziguar em brincadeiras, que não usa relógio para não ser infiel à aliança, que repara as laranjas germinando abelhas na hora do almoço.

A você, que não duvida ao assinar o nome, mas troca invariavelmente a data.

A você, que toda manhã regressa de seu mais fundo e ninguém repara o seu esforço para subir à superfície.

A você, que parece sombra quando a água passa, que parece água quando a sombra senta; a você quero dizer: eu desapareço em você.

EMBRULHE-ME COM JORNAL

Como ler jornal várias vezes. Não há nenhuma notícia de interesse, nota e fato que despertem atenção, mas ainda assim volta-se a pegar o jornal para passar o tempo. Conhece-se o conteúdo, espiam-se as editorias de novo, repassam-se as chamadas, e a atitude é repetida à exaustão. Do início ao fim, do fim ao início. Os cadernos, os anúncios, as colunas, os obituários, as notícias recebem democrática distração.

O jornal revela uma companhia fiel, como um cão ou um copo com gelo. Será lido até que se torne inofensivo. No balcão do zelador, na mesa da manicure, na escrivaninha de um arquiteto, será sacado o exemplar amarfanhado para cobrir o intervalo e a breve folga. Durará uma semana em um único dia. De dobrado e manuseado, terá estrias de deserto. Como explicar essa teimosia? É como se houvesse códigos ocultos entre as letras, um suspiro de sentido, uma descoberta a fazer. A mensagem cifrada não é para ser conhecida; a procura é a chegada.

O jornal é relido pela esperança de que alguma coisa mudará de um minuto para outro, de que uma notícia que nos diz respeito aparecerá de repente.

Assim me sinto com os filhos. É o mesmo texto lido de forma diferente. Ler de forma diferente é reescrevê-lo, apesar de não ter mudado absolutamente em nada o arranjo das páginas e a ordem dos parágrafos. Os filhos não são os pais, os filhos são o que eles precisam. Não os elogio quando se parecem comigo, porém quando se parecem com as suas próprias verdades.

Aqui faço um apelo a quem lê a sua vida com a insistência de um jornal. Aqui faço um apelo aos pais que se separaram e cuidam de seus filhos em casas separadas. Não falem mal do ex ou da ex na frente da criança, não subestimem a sensibilidade dela. Se não conseguem resolver seus problemas, ao menos não os aumentem. A criança não merece herdar o seu ódio, o seu desafeto, a sua raiva. A criança não foi casada com a sua própria mãe nem com seu pai; não adianta transferir as broncas. Não há continuidade espontânea; ela é sempre induzida. E não falo de palavras, e sim das caretas, do esgar, do repuxo das sobrancelhas. O filho capta o desprezo ou a indiferença nos gestos. No telefonema seco e irritante. Nas piadas mórbidas. Até no silêncio e na omissão.

Palavra é também o que não nasce da boca. Sua experiência represará o sangue dos filhos e poderá reprimir possíveis e autênticas escolhas. E eles se verão divorciados, desquitados e viúvos antes de se casarem. Já houve uma separação, para que duas?

Não digam que o ex ou a ex não presta porque não encontraram a utilidade que queriam.

Os anjos conhecem o inferno por ouvir falar. Falar já é fazer o inferno. Depois não adianta procurarem um psicólogo para o filho e argumentarem que não o entendem. Ele se vê dividido entre duas chantagens, entre duas promessas, entre duas vidas. É natural explodir, cobrar e se desesperar.

A criança mal se aprendeu e precisa optar por aquilo que não viveu. Não tirou carteira de identidade e se vê obrigada a definir a sua assinatura. Trata-se de uma carga excessivamente nociva para sair com a urina.

Duvido de todo amor que se transforma em vingança, da confiança reduzida à represália, do conselho que vira ameaça, da proteção que termina em dependência.

É desumano transformar o filho em garoto de recados. É desumano jogar indiretas, confundir onde existe lealdade, invejar os segredos que não foram contados. Toda guerra é suja, ainda mais a psicológica, em que as crianças são usadas como escudo humano para parcelar dívidas.

Na ausência de amizade, servem a cordialidade e o respeito.

Para ser pai ou mãe, é necessário ter sido filho e não se ter esquecido disso. Como ler jornal várias vezes.

PÁSSAROS COMEM NA MÃO

A minha dor eu sei resolver. Ainda que seja a custo alto, sei resolver. Pode ser com um calmante, um trabalho físico, um desabafo. Pode ser mexendo na horta, organizando as roupas no armário, limpando a casa, xingando Deus; eu sei resolver. Ainda que demore, resolvo.

O que não sei resolver é a dor do outro. Fico mudo, meu braço sobra, minha mão falta, minha boca treme algum vento sem força.

A dor do outro não se comunica. Não dá nem tira emprego.

A dor do outro me isola. Tento uma brecha para falar, mas sinto-me intruso, incômodo, solteiro. Como uma casa em reforma.

Toda dor só é compreensível no idioma da dor. Quem está de fora não entende, não tem razão, não alcança sentido. A dor não busca conselhos; a dor busca a pele para colocar por cima, busca cicatrizar a ferrugem e a maresia.

A dor do outro é pedalar com a respiração. Ela me desfalca, me devassa, me faz duvidar de que eu podia ter ouvido.

A dor do outro é a minha dor mais pessoal, porque é indiferente à minha própria dor.

A dor do outro é uma parada de ônibus sem ônibus por vir. Uma parada de ônibus para se sentar e não ir.

A dor do outro fica no lugar da dor, não suporta um passo além do círculo de sua lembrança fixa.

A dor do outro tem a altura de um grito que não é dado para não desperdiçar a dor.

A dor do outro não ri, porque, séria, chega mais rápido ao seu fim.

A dor do outro não se empresta, é dor de osso, dor que não se enxerga de dia nem de noite.

A dor do outro é neblina com a roupa presa nos galhos.

A dor do outro é uma escada sem muretas, sem apoio. Uma escada desigual como a cintura ao dormir.

A dor do outro me esconde, me segrega, me empurra com os cotovelos para onde eu não desejava voltar.

A dor do outro me pede ajuda para não ajudar. É severa como uma verdade antes da morte, severa como uma mentira depois da morte.

A dor do outro é banal, irrisória e tola para os que nunca mergulharam em dor.

A dor do outro é hipocondríaca e carente aos que nunca enterraram seus pés ao correr.

A dor do outro é discreta, pois os sons não se encontram na pronúncia.

A dor do outro tarda para retornar a ligação.

A dor do outro parafusa a lâmpada para quebrá-la.

A dor do outro não usa agenda, não recorre ao diário; a dor do outro é escrita esquecida. Não se escreve na dor, escreve-se para manter distância dela.

A dor do outro não encontra dentes para mastigar. É mastigada com a língua.

A dor do outro não requer meteorologia; ela não se modifica.

A dor do outro é caseira, pois sair de casa é levar a casa.

A dor do outro é destelhada.

A dor do outro é uma árvore ao avesso, uma alegria ao avesso, uma água que já estava na boca.

A minha dor eu resolvo. A dor do outro não sei onde colocar, onde me colocar. Faço como a minha avó Elisa. Quando alguém recusava um abraço, ela pedia para devolvê-lo.

Devolver o abraço é a dor do outro.

CILADAS

Quando a sua namorada ou namorado diz que você pode confiar e contar, que nada mudará na relação, é mentira. A sinceridade inspira a abrir os segredos para, em seguida, jogar você na parede.

O amor é um jogo de convencimento e persuasão que termina invariavelmente em desconfiança. A pergunta que é feita por ela ou por ele, de modo inocente, não é uma pergunta; quem dera, pouco guarda da modéstia de uma pergunta, que aceitaria a contrapartida sem ofensa. A pergunta é uma suspeita. Não se deseja uma resposta, e sim "a resposta". E esta deve confirmar somente uma evidência. A resposta é a evidência que estava sendo cavada.

Sigilo não existe. Quem guarda segredo apenas fingiu que não falou. A diferença é que alguns fingem bem. A pessoa pede franqueza e afirma que tudo aceitará, que tudo permitirá, para em seguida julgar e atacar ao descobrir tudo.

O charme inicial e a caridade do gesto são ciladas. Entra-se em uma investigação, não em uma discussão e diálogo. No fundo, há a intenção de conspirar contra aquele amor, de atestar que ele ou ela não presta, de que foi um erro. É incompreensível verificar que o ceticismo surge nos melhores momentos, como a avisar que não pode ser verdade, que a felicidade errou de endereço. Em cada um pisca o dispositivo antifelicidade, detonado para expulsar a intimidade e possíveis alegrias.

Se alguém se torna imprescindível, a estima arruma um jeito e um pretexto para mandá-lo logo embora. Algo que ocorreu no passado mais longínquo vai afetar como se tivesse acontecido há poucos minutos.

Se a namorada fala que já se relacionou com três homens ao mesmo tempo, o namorado concluirá que ela é promíscua e terá medo de ser apresentado aos antigos parceiros dela em alguma festa.

Amar é uma paranoia interminável porque não se tem aquilo que se é e não se pode ser aquilo que se tem. Difícil encontrar no amor o meio-termo, que não resulte em posse, muito menos em indiferença, que não desemboque em obsessão ou em tolerância.

Desde quando não se pode ter passado e experiência? Não dá para compreender que casais acreditem que seu par tem que ser um objeto lacrado, inviolável.

Se ela transa bem é porque aprendeu com antigos namorados; isso é óbvio. E daí? Que bom. Ambos definirão o seu dialeto a partir de idiomas anteriores.

Chega de autoritarismo, de transformar a casa em um campo de desmemoriados.

Não se fica generoso com amor; fica-se egoísta. Só se pensa, a princípio, no nome de quem se ama, para depois só se pensar no próprio nome. O começo é um desapego irrestrito; o final, uma proteção absoluta. No início, há a renúncia em favor do bem-estar da nova paixão. No decorrer da convivência, passa-se a criar mecanismos de defesa para se afastar.

Os opostos se atraem, mas não conseguem permanecer juntos (os parecidos se repelem e ficam juntos). O que se mostrava maravilhoso e definitivo, a sedução da diferença, a atração de um continente desconhecido são substituídos pela tentativa de moldar o outro aos seus gostos.

O respeito desanca em dominação. Não importa que ele saia com os amigos, que jogue futebol, que tenha grandes amigas, desde que ele deixe, pouco a pouco, de sair com os amigos, de jogar futebol e de perder de vista as grandes amigas.

Ainda com complicações, é possível ser casado com a memória. De maneira alguma com a imaginação. Esta é sempre solteira.

Se o namorado não liga, demora para chegar, é evidente que a imaginação o viu com duas ou três mulheres em meia hora. A imaginação não aceita a confiança; procura o pior, para depois gritar que já sabia.

"Eu sabia" é a frase mais irritante de qualquer relacionamento. Mostra arrogância e, o mais grave, sinaliza a certeza do fracasso.

MEDO DE SE APAIXONAR

Você tem medo de se apaixonar. Medo de sofrer o que não está acostumada. Medo de se conhecer e esquecer outra vez. Medo de sacrificar a amizade. Medo de perder a vontade de trabalhar, de aguardar que alguma coisa mude de repente, de alterar o trajeto para apressar encontros. Medo se o telefone toca, se o telefone não toca. Medo da curiosidade, de ouvir o nome dele em qualquer conversa. Medo de inventar desculpa para se ver livre do medo. Medo de se sentir observada em excesso, de descobrir que a nudez ainda é pouca perto de um olhar insistente. Medo de não suportar ser olhada com esmero e devoção. Nem os anjos nem Deus aguentam uma reza por mais de duas horas. Medo de ser engolida como se fosse líquido, de ser beijada como se fosse líquen, de ser tragada como se fosse leve.

Você tem medo de se apaixonar por si mesma logo agora que havia desistido de sua vida. Medo de enfrentar a infância, o seio que a criou para aquecer suas mãos quando criança, medo de ser a última a vir para a mesa, a última a voltar da rua, a última a chorar.

Você tem medo de se apaixonar e não prever o que poderá sumir, o que poderá desaparecer. Medo de se roubar para dar a ele, de ser roubada e pedir de volta. Medo de que ele seja um canalha, medo de que seja um poeta, medo de que seja amoroso, medo de que seja um pilantra, incerta do que realmente quer — talvez todos em um único homem, todos um pouco por dia. Medo do imprevisível que foi planejado. Medo de que ele morda os lábios e prove o seu sangue.

Você tem medo de oferecer o lado mais fraco do corpo. O corpo mais lado da fraqueza. Medo de que ele seja o homem certo na hora errada, a hora certa para o homem errado. Medo de se ultrapassar e se esperar por anos, até que você antes disso e você depois disso possam se coincidir novamente. Medo de largar o tédio; afinal, você e o tédio, enfim, se entendiam. Medo de que ele inspire a violência da posse, a violência do egoísmo, que não queira reparti-lo com mais ninguém, nem com o passado dele. Medo de que não queira se repartir com mais ninguém, além dele. Medo de que ele seja melhor do que as suas respostas, pior do que as suas dúvidas. Medo de que ele não seja vulgar para escorraçar, mas deliciosamente rude para chamar, que ele se vire para não dormir, que ele acorde ao escutar a sua voz. Medo de ser sugada como se fosse pólen, soprada como se fosse brasa, recolhida como se fosse paz. Medo de ser destruída, aniquilada, devastada, e não reclamar da beleza das ruínas. Medo de ser antecipada e ficar sem ter o que dizer. Medo de não ser interessante o suficiente para prender a atenção dele. Medo da independência dele, de sua algazarra, de sua facilidade em fazer amigas. Medo de que ele não precise de você. Medo de ser uma brincadeira dele quando fala sério ou que banque o sério quando faz uma brincadeira. Medo do cheiro dos travesseiros. Medo do cheiro das roupas. Medo do cheiro nos cabelos. Medo de não respirar sem recuar. Medo de que o medo de entrar no medo seja maior do que o medo de sair do medo. Medo de não ser convincente na cama, persuasiva no silêncio, carente no fôlego. Medo de que a alegria seja apreensão, de que o contentamento seja ansiedade. Medo de não soltar as pernas das pernas dele. Medo de soltar as pernas das pernas dele. Medo de convidá-lo a entrar, medo de deixá-lo ir. Medo da vergonha que vem junto da sinceridade. Medo da perfeição que não interessa. Medo de machucar, ferir, agredir para não ser machucada, ferida, agredida. Medo de estragar a felicidade por não merecê-la. Medo de não mastigar a felicidade por respeito. Medo de passar pela felicidade sem reconhecê-la. Medo do cansaço de parecer inteligente quando não há o que opinar. Medo de interromper o que recém iniciou, de começar o que terminou. Medo de faltar às aulas e mentir como foram. Medo do aniversário sem ele por perto, dos bares e das baladas sem ele por perto, do convívio sem alguém para se mostrar. Medo de enlouquecer sozinha. Não há nada mais triste do que enlouquecer sozinha.

Você tem medo de já estar apaixonada.

GÊMEOS

As leis não pesam o espírito. Nem a linguagem pode falar tudo. O que não se entende a tempo ainda é tempo. O que não está no corpo ainda é corpo. O que não está no mundo ainda é mundo.

Vanessa está grávida de gêmeos. O menino morreu aos quatro meses de gestação e a menina permanece viva. Os irmãos estão juntos no ventre, dividindo o mesmo espaço, as mesmas cordas, o mesmo degrau, o mesmo tecido. Não há como interromper a gestação do primeiro sem influenciar na saúde da segunda. Não há como tirar aquele que partiu para proteger a que ficou.

Vanessa continua alimentando os dois com a igualdade do início da gravidez. Reconhece ambos como palpitações vivas, nervosas, definitivas. Os ruídos que escuta são dois nomes. Tenta adivinhar quem está chutando, quem está empurrando seu passo para mais adiante, quem está socando as camadas da pele como vento espantando as cortinas.

Lá dentro a irmã conversa com o irmão do jeito que pode; o irmão conversa com a irmã do jeito que sonha. A mãe confia que os dois sairão gritando, de mãos dadas, apesar da avaliação do médico de que um deles não sobreviveu, apesar da onipotência do exame e da descrença dos conhecidos. A mãe não perdeu a esperança porque alterou o rumo dos móveis, duplicou a cama, apequenou o salário, esticou os ossos do velho armário, teve trabalho, andou ao seu extremo, preparou roupas, experimentou em si o amor de ler o que escreveu, o amor de entender que o mistério é esperar que cada gomo seja suco diferente nos dentes.

Ela acorda quando um deles berra por ajuda e fome na noite de sua carne. E, insegura, não tem certeza de quem chama. Não tem mais certeza da própria voz. Não diz nunca que um morreu, com medo de que morra em sua boca. Ela reconhece por adivinhação e não precisa ver para testemunhar.

Quanta coragem de Vanessa em segurar em seu útero os dois berços: um, anoitecido, e o outro, amanhecido, sem favorecer ou mimar um deles.

Quanta coragem a de travar o carrinho do corpo na escadaria das pernas, e esperar e esperar e esperar contra a ansiedade.

Quanta coragem em seus tornozelos inchados, suas mãos rosadas e seu sobrepeso de telhado e chuvas.

Quanta coragem em rezar debaixo das cobertas, debaixo do zumbido dos besouros, debaixo do formigamento. A mãe Vanessa curva seus ombros para que seus filhos não passem frio, como toda mãe se derrama em raízes para subir o rosto lentamente.

Quanta coragem em assegurar o direito à vida aos gêmeos, para que só assim eles possam ter direito à morte.

Metade do que ela come vai para os dois, a comida em dois pratos, quatro olhos.

Metade da vida que vive vai para os dois.
Metade da vida que não vive vai para os dois.
Metade de seus cabelos vai para os dois.
Metade de seus joelhos vai para os dois.
Metade de sua sede vai para os dois.
Metade de seu riso vai para os dois.
Metade de seus segredos vai para os dois.
Metade de seu lamento vai para os dois.

Metade da metade da metade ainda é muito quando a palavra é intenção de música. Quando a palavra não depende da melodia ou da letra para ser ouvida.

A gravidez é uma respiração sangue a sangue, mais atenta, mais rápida do que a respiração boca a boca. A respiração já é luz no escuro.

Vanessa está grávida de gêmeos. Um morreu e o outro vive. Não importa agora se somente uma das crianças nascerá. O parto aconteceu bem antes, na confiança. A criança que nascer será sempre duas, porque o amor da mãe foi sempre dois, sempre maior do que a realidade permitiu.

O AMOR DÁ TRABALHO

A asma me prendia para perto do corpo e não conseguia ficar longe dele. Nunca tive bonecos para fazer dormir, preocupado em cuidar da sobrevivência e do luxo de uma noite de sono. Eu era o meu próprio boneco. Na aula de educação física, buscava superar o cansaço e a inapetência respiratória. O professor pedia para dar vinte voltas pelo colégio. Não me aguentava, mas ia. Sempre fui quando não me aguentava; a verdade é que sempre sou quando não me suporto. Se o professor dizia que não precisava fazer, eu fazia. Na corrida, condenava-me a ultrapassar a asma, além dos meus colegas. Enquanto todos retornavam à aula de matemática como se nada tivesse acontecido, eu permanecia mais de meia hora no banheiro, apertando a bombinha na boca. Nunca respeitei meus limites; como reconhecê-los se não morrer por eles? Não me desculpo por antecedência.

Vejo o amor da mesma forma. O amor dá trabalho. Cansa. Pressiona. Conheço amigos que sofrem no casamento e não se separam. Eu pergunto: "Por que ficam se não estão felizes?"

"Não sei" é a resposta que dão. O "não sei" faz com que cada um deles resista décadas numa rotina da qual não se sentem parte. Reclamam do marido ou da mulher com uma indiferença mortuária, e logo voltam à residência para finalizar o tédio. São cansados mais do que casados. Não querem discutir nada que possa alterar suas horas de sono e prazeres individuais. Esperam por uma paixão em que possam dividir a culpa da fuga.

A preguiça mantém a infelicidade. Muitos não se separam pelo incômodo. Terão que refazer a casa, brigar com fúria, enfrentar fiascos, ficar longe dos filhos, defender-se das acusações, livrar-se da culpa, frequentar com traje social a Vara de Família. E serão canalhas, crápulas, infiéis, mentirosos por meses diante dos amigos.

Admiro sinceramente quem teve coragem de casar quatro, cinco vezes. Pode-se dizer qualquer coisa sobre essa pessoa, menos que é preguiçosa. Será que ela errou porque não encontrou a estabilidade? Será que fracassou porque não se acomodou? Creio que não. Pior é se reduzir a um "não sei", a pensar sobre a vaidade. Deixar de lado o que antes mais valorizava: a espontaneidade. Deixar de lado a vontade de conversar e conversar com as bocas próximas, pescando as palavras que seriam memória.

Que o casamento não seja o motivo da infelicidade, pois existe para abençoar, não para amaldiçoar. Não percebo facilidades na vida. Conhecer na intimidade é diferente de conhecer no namoro. São difíceis mesmo a empatia, a convergência, a liga. São raras. Que cada relação complete a outra. Mentir para si não torna nada depois disso uma verdade.

GÍRIA MASCULINA

A linguagem dissimula mesmo quando procura ser transparente. É oblíqua ainda que siga uma linha reta. Vamos para diferentes situações.

A mulher fica sabendo que seu homem se encontrou com uma colega. É óbvio que, em algum momento do dia, depois de muita coceira, ela encontrará um jeito nada discreto de perguntar como é a outra. Poderá ser no momento de cortar a salada, depois de léguas do assunto. De repente, fulminante, a pergunta surgirá com a folha amarga nos dentes. Se ele disser que é normal, ela deverá concluir que a outra é linda. Cuidado, ele separou os beiços e respira pela boca.

O homem só afirma que é normal para a sua companheira não ficar preocupada. Mas, quando fala isso, ele já está preocupado com o que poderá acontecer, tentando rebaixar a beleza da possível ameaça. Ou seja, ele está levando tão a sério a beleza da outra que procura esconder.

O homem esconde o que teme e apresenta o que não é decisivo. Fala demais o que não é necessário; fala de menos o que interessa. Faz de conta que é neurose ou perseguição da sua mulher, pois realmente há motivos para neurose e perseguição. Deita-se na ausência de provas para negar, mas no fundo tem ciência da possibilidade.

O homem resmunga que é ciúme depois de ter avançado o sinal. Defende-se porque percebeu em si uma pontinha de culpa, uma raiz de razão e uma dose de premonição. Com a mulher normal, pode-se instalar um rastreador nele sem receio.

Voltando à cena principal. Se o homem diz que a garota é de uma beleza exótica, o contexto não é desesperador; nem por isso menos tenso. Beleza exótica, na gíria masculina, talvez renda um caso. É o jeito de ele falar da sensualidade dela, de destacar a volúpia. Não ficou vidrado nos traços ou na aparência, e sim na imposição de temperamento. Beleza exótica é um elogio à inteligência, à conversa, ao inusitado. A mulher não é bonita, porém o torna bonito (são as mais perigosas). É uma projeção da vaidade. Dependerá de circunstâncias favoráveis para acontecer o enlace (diferente da mulher normal, em que o homem criará as oportunidades a qualquer custo).

Se o homem diz que a garota com quem conversava é simpática, a definição tranquilizará. Você poderá comer a verdura até o fim e fingir independência. Simpática quer dizer delicada. Delicada quer dizer que não rolará briga ou inveja. Convide-a para a sua casa. Ela será quase como uma irmã mais nova.

Se o homem não disser nada sobre a garota, aí sim, chegou o momento de quebrar os cabides, abrir as gavetas, recolher as cópias das chaves. O mal está feito.

OLHAR FIXO É ESTAR LONGE

O que as mulheres pensam; não há como dizer o que as mulheres pensam. Posso dizer o que a minha mulher pensa, e ainda assim correr o risco de pensar por ela. Pensar por ela não é desejar com ela.

As mulheres não são uma única mulher. As mulheres amadurecem conforme a intensidade da descoberta. Cada infância será uma velhice diferente; cada adolescência, uma revolta diferente. Cada paixão conduzirá a boca a abrir de um lado. Cada ventre exigirá uma dilatação distinta. Cada cheiro mudará a palavra.

A mulher não procura ter tempo para cuidar do tempo, procura o tempo para consumi-lo. O que fazer com o tempo que não foi gasto? O tempo perderá o valor se não for utilizado.

O homem que fala para todas as mulheres não fala para nenhuma. A impessoalidade é superficial como o inferno. É um erro repetir a mãe na esposa, repetir a esposa na amante, repetir a filha na neta, repetir amores como se não existisse diferença. A vida é confronto, não se conforma com tréguas.

Uma mulher não suporta a ideia de ser igual a todas; ninguém suportaria. As mulheres não são unânimes; são discordantes entre si.

Quantos idiomas morreram pela crença de que as mulheres são uma única mulher?

Uma mulher é porta onde se via parede, é vidro onde se via espelho. Assemelha-se a um livro líquido. Não há como emprestar ou guardar. As páginas mudam de inopino sua numeração. Não há como fixá-las e marcar os parágrafos. É para ler tudo no momento, pois amanhã será outro livro e autora. Não se lê a água; a água escreverá sobre as mãos. A corrente fria e a quente se alternam, as estações se provocam e se completam.

Ainda não se compreendeu que o mundo não é separado por classes e gêneros. O mundo é misturado para que o detalhe se imponha. Nem tudo pode ser dividido entre banheiro feminino e banheiro masculino. Não existe conversa de mulher ou papo de homem. O fogo não pergunta o sexo para alumiar, a árvore não pergunta o sexo para dar sombra, o mar não pergunta o sexo para correr.

A mulher só é estrangeira com o homem dentro dela.

DISTÂNCIA
E DISTANCIAMENTO

Sendo-se obrigado a ficar separado da namorada ou do namorado, do marido ou da mulher, o que fazer? Morar em casas diferentes, cidades diferentes, países diferentes não revela distância. A distância mais difícil de ser superada é a do costume: a psicológica, a que não permite abraços efusivos e brincadeiras, a que paralisa e planifica os sentimentos com os anos de convivência.

É lugar-comum dizer ser fácil uma relação dar certo sem que os dois se vejam. Mas quem namora afastado não está convencido da conquista e se põe a trabalhar para surpreender. Acautela-se para não sacrificar o que está começando. Exercita mais antes de falar. Procura a toda hora uma forma de chamar atenção. Fiscaliza, atualiza a relação, olha o telefone ou a caixa de mensagens com curiosidade inquisidora. Corre risco, cobre a aposta, suscetível a enganos, comédias e foras. Aprende a ver longe para não permanecer longe. Distância não é distanciamento. A primeira é física; o segundo é emocional.

Tudo é questão de matemática. Melhor ser dois no tempo sendo um no espaço do que ser um no tempo para ser dois no espaço. Dividir o mesmo teto é pouco perto de dividir o mesmo texto.

Os casais separados pela força das circunstâncias não ficam com receio das juras e das promessas. Preocupam-se com sutilezas e detalhes. Não têm vergonha da vergonha. Não estão condicionados ao amor como posse, mas como incerteza. Conhecem quem são pela intensidade de sua busca. Esforçam-se para que a carne seja a lembrança da outra carne; a pele, a lembrança da outra pele. O esforço é compreensão, e a esperança, uma espécie de justiça.

A falta de imaginação termina com qualquer coisa, das atitudes mais complexas às mais simples. Como não colocar um ingrediente a mais ao seguir uma receita? É inevitável. Os melhores cozinheiros são os de olho. Minha avó nunca anotou nenhum de seus pratos, porque me dizia: "A comida é que me diz quando está pronta, não eu."

Sem reagir à vida, não há experiência; há acomodação. Não é de estranhar que o medo de ver um nascimento seja maior do que assistir a uma morte.

Desmaiar num parto é mais fácil do que desmaiar diante de alguém que parte.

Casais que se julgam definitivos porque moram juntos perdem o medo solidário de nascer (todo mundo que nasce precisa de ajuda) para deixar o medo mesquinho de morrer tomar conta da relação (todo mundo que morre morre sozinho).

O desejo não combina com segurança e senhas. O desejo é não saber o que vai acontecer depois.

Os namorados e namoradas, apartados por uma questão de trabalho, de residência ou de família, estão dispostos a se encontrar dentro dos próprios desencontros.

O círculo perfeito é muito apertado. Agrada-me a elipse, a hesitação, a fresta, para arejar os afetos.

Uma alegria breve pode vir a ser uma alegria interminável.

AINDA É, MESMO QUANDO JÁ FOI

O amor não morre de pé. O amor morre deitado para confundir os cabelos e ousar de novo. Toda separação é um laço. Todo divórcio é um vínculo. Conheço gente que se separa só para se aproximar de outro jeito. Para provocar, para atrair a atenção, para pedir o retorno. Não há ofensa que não tenha uma carícia em seu início.

Fazer as malas é a última tentativa. Fazer as malas é preservar o armário. A mala pode ser o túmulo do armário ou uma outra cama de casal. Na mala, as roupas, enfim, se deitam, se amam, se roçam, sem a proteção e o biombo dos cabides. As mangas entram com malícia em bolsos, os botões abertos são brincos, o zíper é uma gargantilha, camisas experimentam gravatas, calças andam com uma única perna.

O amor não é de onde nasceu. O amor é natural de onde morreu.

O sofrimento é o contrário: morre onde foi parido. Morre sem trocar de cidade.

Mesmo que seja maltratado, estiolado, reduzido a pó, o amor volta, regenera-se com facilidade. O amor tem pele de sobra nos olhos. No amor, a pele é córnea.

Quem ama não é capaz de morrer por um amor, é capaz de voltar a viver por um amor.

O amor perdoa o que Deus condenaria; o amor condena o que Deus perdoaria.

O amor é imprevisível. Não tem lógica. Torna a presença imaginada ou torna a ausência real.

O amor cria sua própria necessidade; não é uma obrigação, é uma opção. Não se é obrigado a amar, até é possível viver uma vida sem amor, mas não é possível viver o amor sem dar a vida em troca.

O amor é se encostar para dormir e ficar mais acordado ainda.

O amor ilude, contraria, engana. É instável e machuca, abre ferimentos graves e invisíveis, confunde um pássaro com fruto e prende as patas em um caule, corta as asas como se fossem gomos, esvazia a casa, arruína a fé, cria os piores fiascos, infantiliza os joelhos, devasta o certo e o errado, inventa lugares para se esconder, quebra as lentes dos óculos, expulsa amizades, prepara escândalos, esconjura atrasos. Ainda assim é melhor do que o tédio. Ninguém se agride pelo tédio, pois ele anula qualquer vontade.

O amor é como o rio, não deixa de barulhar represado de pedras.

Sofrer é pouco ao amor. As lágrimas nunca serão fartas como a saliva. A saliva é a lágrima da alegria.

FUI O QUE AINDA POSSO SER

Eu amo quando não me forço a existir. Reduzir meu corpo e o dela a um barco estreito e deixar todo o resto para o mar. O que falta fazer não me cansa. Ainda não cumpri tanta coisa que não me apresso em pontuar. Farto-me de esperança. Vou imaginando devagarinho para não acabar.

Gostaria de preparar as bainhas da calça dela com alfinetes e perguntar de baixo: está bom?

Gostaria de descobrir em suas costas uma pinta de infância e conversar com a pinta com a calma de um biólogo.

Gostaria de cumprir realmente uma surpresa, sem a ânsia de contar metade pelo caminho.

Gostaria de dar presentes pouco interessado na retribuição.

Gostaria de segurar a escada quando ela puxa as roupas de inverno do armário, não me preocupar com a demora e ajudar a escolher as peças que ainda prestam.

Gostaria de chegar adiantado a um compromisso, sentar em alguma escada, para que pudéssemos lembrar de músicas antigas e inventar o que foi salteado.

Gostaria de encontrar restaurantes pequenos, desconhecidos, e beber o riso e rir da bebida.

Gostaria de ser seu confidente, escutar o que ela diria a meu respeito e concordar com as mudanças, desprezando a vaidade.

Gostaria de reparar quando ela emprega uma palavra diferente e cuidar para não gastar tanto as velhas.

Gostaria de adivinhar o que ela está pensando para devolver seu desejo antes de ele tomar banho.

Gostaria de cortar suas cutículas para entender a sua solidão.

Gostaria de soprar as formigas do pote de açúcar, cuidando para não transbordar o vento.

Gostaria de perceber o momento em que o café e as giletes estão terminando.

Gostaria de enterrar minhas mãos no bolso do casaco dela e esgarçar o forro.

Gostaria de ser bem-humorado ao errar e mal-humorado ao acertar.

Gostaria de dormir até tarde e só virar para prendê-la.

Gostaria de deixar os vidros fechados antes da chuva.

Gostaria de dar três voltas na chave e não esquecer que estou dentro de mim.

Gostaria de parecer inteligente diante de pinturas abstratas.

Gostaria que ela não perdesse os amigos para ficar comigo.

Gostaria de levá-la ao cinema para depois recuperar as legendas em sua boca.

Gostaria de me assustar mais seguido para procurá-la com veemência.

Gostaria de recolher as migalhas da mesa e arremessar o alvoroço das aves pela sala.

Gostaria de sussurrar comida na colher de pau.

Gostaria de conduzir um táxi para comentar o tempo.

Gostaria de espalhar vaga-lumes pela grama e vê-la tropeçar em minha voz.

Gostaria de ter sempre a sinceridade de quem sente fome.

DESEJO NÃO É CARÊNCIA

O desejo tem suas leis. Precisa de regras até para perder as regras. Não se adota de qualquer jeito.
O desejo não pode ser humilhado e ofendido, não é passageiro e involuntário.
O desejo investiga seu amor como se fosse sua morte.
O desejo tem responsabilidade, por mais que isso pareça despropositado.
O desejo apresenta ética, princípios, caráter. Não é inconsequente, como se convencionou chamá-lo.
O desejo não apela para golpes baixos.
O desejo não suporta quem aproveita a carência de outro para se aproveitar, que finge amizade para seduzir. Que é educado apenas para agradar, que se julga melhor do que o seu próprio desejo. Que escuta confidências para avançar o corpo. Que envenena para se aproximar. Que dá um ombro cobiçando a perna. Que mexe nos cabelos para tapar os olhos. Que não respeita a fragilidade, as dúvidas e as inquietações de uma crise. Que se esbalda no medo para oferecer proteção. Que apressa a mulher para esquecê-la, que não se afasta um passo, um pouco,

para lembrá-la. Que invade a intimidade para expô-la ainda mais. Que é dedicado na véspera e brusco na despedida. Que não observa o quarto para recolher as roupas. Que culpa o desejo pela posterior falta de desejo. Que diz sim já antecipando o não. Que afoba para destruir, que não estará depois da espuma para alinhar o mar. Que espanta as aves de perto para não ser contrariado. Que encontra desculpas para se esconder. Que não paga o insulto de viver. Que mutila o braço do rio por não saber segui-lo.

O verdadeiro desejo espera a mulher se recompor, espera a serenidade, que ela fique mais forte e possa escolher uma nudez que não seja tolerância e fraqueza. É devagar e denso, raiz carregada do visco e das sombras, quietude amadurecida do sumo e da nata.

O verdadeiro desejo não teme, inclusive, o risco de ser recusado. Não é uma circunstância, é linguagem. Como uma foto, o desejo não será dobrado. Como uma foto, o escrito vai no verso, não sobre a imagem.

O verdadeiro desejo não é predatório, não é egoísta; é generoso, preocupa-se em chegar ao final, obediente ao início; em chegar ao início, obediente ao final. Não se rebaixa. Não significa um alívio, mas a contenção, a alegria alta da corda de um sino.

É, muitas vezes, prender o prazer para se conhecer mais.

INGRATO

Naquela manhã, o azul não precisava estar no céu nem no mar para sugerir as mãos. O verde não precisava estar nas árvores ou na grama para sugerir os pés.

Naquela manhã, encontrei minha mãe sentada em uma cadeira de balanço na frente de sua casa. Em meio aos arbustos. Como se os arbustos fossem ondas.

Ela estava de banho tomado, cabelos ainda molhados e um olhar paralisado, comprido. Não pensava em nada, senti assim.

Nunca tinha visto minha mãe não pensar em nada, não se preocupar em arrumar a casa.

Aquele era o dia. Perdera momentaneamente parte da memória e dizia que tudo acontecera porque lavara os cabelos.

Confundi o ato com uma brincadeira, mas não achei riso antes nem depois.

Ela caracterizava o lapso como "uma coisa estranha, muito estranha". Falava devagar; a sombra fala devagar.

Olhava, absoluta, o próprio olhar, tal criança que vira as pálpebras para assustar os colegas: calma, mansa, serenada, um sinônimo dependia do outro para chegar a algum sentido.

Não percebi a sua velhice, mas a minha. Ali vi que eu e meus irmãos tínhamos envelhecido. Ela já nos havia sustentado, educado, pagado as universidades, feito mais do que podia, e não havia nada a corrigir, não havia chinelos ao lado da cama, não havia lençóis para estender, janelas a fechar ou toalha a sacudir migalhas.

Minha mãe demonstrava vontade de ficar só. Uma vontade de solidão. Uma vontade de chavear o quarto, que permaneceu aberto com um banquinho o tempo todo.

Era sempre ela que lembrava os números de telefone, as tarefas, os remédios na hora da gripe, os parentes, os chás. Agora ela conversava com seu corpo. Seu corpo imenso, deslembrado.

Filho é ingrato. Definitivamente ingrato. Nunca está satisfeito. Acredita que mãe é provedora pela vida inteira, raramente a repara como uma amiga que depende de ajuda, de compreensão, de colo, de conselhos avulsos e atemporais.

Todo filho quer ser reconhecido como filho único. Pede favores como se ela não tivesse vida, agenda, desejos que não os seus. Exige, não pede licença.

A mãe não cobra devolução, recompensa. É a porta da cozinha, sem campainha. Ela se doa, deixa a si por último. Seus filhos têm irremediável preferência. É a última a se servir, a última a tomar banho, a última a receber presentes, a última a dormir, a última a fazer revisão no médico, a última a saber.

Todo filho se imagina primogênito, o mais mimado, o mais dileto.

Minha mãe inverteu a pergunta naquela manhã: eu sou a dileta de qual filho?

Nenhum respondeu.

A maternidade não repousa no sobrenome, nos traços, no molde genético; é um escapulário debaixo da camisa que não se vê. Uma pitanga, em que o caroço é quase do tamanho da fruta.

Minha mãe escolheu um santo para cuidar de cada filho. O meu é São Francisco; o de minha irmã, Joana D'Arc; o de um de meus irmãos, João XXIII; e o do outro, São Sebastião. Ela criou seus filhos com a ajuda dos santos.

E suas atitudes foram milagres, anônimas como milagres. Os santos levaram os créditos.

Porque o filho é ingrato e esquece aquilo que não saiu dele. E pede novamente como se nada tivesse sido dado.

O filho reza unicamente para cobrar, não para agradecer. Acredita que sua mãe será eterna, indestrutível, e não para para descobrir de que modo ela conseguiu conciliar o trabalho com o mercado, com a escola, com os amores, com os amigos, com os pagamentos, com as dificuldades, com as dores, com as alegrias, e não parecer ocupada ou cansada em momento algum.

A maternidade e a paternidade são um estado de insônia. E não terminam em nenhuma idade: conferir se o filho pequeno respira, utilizando-se de um espelhinho, aprender a cantar na marra, acordar antes do alarme, aguardar o filho voltar das festas de madrugada e que a agressão da adolescência vire um abraço, festejar as vitórias das crianças mais do que a infância ao pedalar no balanço, intuir os problemas, esclarecer as dúvidas, amparar no isolamento, estreitar o convívio com os colegas, acolher os namorados e namoradas.

Os pais são escandalosos de cuidados. Só o filho mesmo para ficar constrangido com o afeto. Porque é ingrato. Todo filho é ingrato; o que ele quer é para ontem, e o que chega já é passado.

Naquela manhã, minha mãe esperava um ônibus. O ônibus de seu corpo. Desconhecia pressa. Não necessitava ler o letreiro — decifrava o destino pelo número das letras.

Naquela manhã, entre o azul da mão e o verde dos pés, ela nasceu de seu próprio ventre. Os filhos, ao menos, tinham que ajudá-la a cortar o cordão umbilical.

E não duvido de que ela não o tenha cortado sozinha. Eles demoram muito; todo filho demora.

QUAL MOMENTO?

Não há como definir o motivo para terminar com alguém. O que gerou a separação? O que provocou a absoluta segurança de encerrar o romance e abdicar do final feliz? Como ocorreu a transformação da companhia íntima, com a qual dividiu segredos ao longo de anos, em uma estranha desaforada, querendo arrancar o seu siso de ouro diante do juiz?

São movimentos subjetivos e sísmicos que definem a ruptura. Não são o peso, o rosto, as pernas que norteiam o amor. Nada o esclarece, muito menos o seu final e o distanciamento no tempo.

O amor inicia na confusão saborosa da identidade de não pensar em outra coisa e termina na confusão desastrosa da identidade de não querer pensar no assunto por mais um dia sequer.

De que modo algo que prometia aventura resulta na mais ferrenha apatia?

Como um jogo com primeiro tempo eletrizante consegue reduzir seu ritmo no segundo tempo e se conformar com o resultado?

Em que canto da memória, em que momento se chega à conclusão de que a pessoa com quem se vivia até então não presta mais, de que foi um erro, de que se perdeu tempo ao lado dela?

O que faz um homem ou uma mulher largar aquilo que considerava, uma noite atrás, seu santuário, seu universo, sua segurança?

De onde parte esse instinto utilitário de que o par é um carro importado e é muito cara a reposição de suas peças?

Não acontece de repente, tenho certeza.

Tudo começa com a resignação, com a certeza equivocada de que se sabe tudo. Quando se põe na cabeça que se cumpriu a apresentação, que não existe nenhuma surpresa por vir. Quando se deixa de perguntar para concluir as respostas. Quando se deixa de responder por não suportar as perguntas. Quando uma conversa termina no insuportável álbum de retratos. Quando não se fala mais dele ou dela como uma novidade, mas como uma doença antiga, uma enxaqueca, uma tia distante.

Acreditar que se domina a situação é pisar em falso. Amor não se assinala no calendário. Ou existe gente marcando em agenda uma ida ao motel?

O amor aceita apenas fiado. As dívidas aumentam a sua longevidade. É falta de controle, imprevisto, improviso, nervosismo.

Sem a covardia atenta não há sedução. Sem o balbucio não há sinceridade. Ninguém conhece tão bem o outro a ponto de dizer que verdadeiramente o conhece. Não vi mulher que não seja, no mínimo, duas.

Em algum lugar do corpo, desliga-se o aparelho. Fecha-se a conquista como se fosse um expediente comercial. Conquistei, ele é meu, ela é minha, pronto. Abdica-se do esforço de explorar a personalidade em conversas e saídas noturnas. A tensão esfria, e cada um se deita pensando em uma forma mais rápida de se cumprimentar, de existir e, se possível, não se tocar. O beijo de despedida vai se especializando em acenar, tornando-se uma prova com barreiras.

O único erro é confiar que o namorado ou a namorada, o marido ou a esposa, dentro de si é maior do que a figura que está fora, de carne e osso, mais carne do que osso, apesar de estar mais interessado no osso para enterrar do que na carne para dividir a temperatura.

A atração enreda, a convivência consolida, o tédio estremece; porém, unicamente a falta de humor separa.

Quem não tem defeitos também não tem virtudes. Rir dos limites e dos erros do relacionamento, por mais estranho que pareça, é uma espécie de liberdade. Uma liberdade que só pode ser gozada a dois.

FULMINANTE

Eu me planejei não me planejar. Amor para mim é doideira, descontrole, soluço de árvore na estrada. Andar de cadarços desamarrados, levar os ciscos e as ervas para casa. Arrastar as folhas e o solo. Varrer a rua em direção a casa, em movimento inverso. Sujar a casa de mundo, de premência.

Invejo quem programa seu casamento com antecedência, com dois ou três anos de noivado.

Nunca fui assim, de fazer maquete, de brincar de casa de boneca, de planejar cada passo.

Família não é uma empresa. Fali na família antes de ganhar alguma coisa.

Invejo quem só casa após segurança financeira. Amor nunca me concedeu segurança.

Invejo quem condiciona o enlace a uma lua de mel no exterior. Que seja de cara, na saúde e na doença; de cara, na alegria e na tristeza.

Relâmpago não é tão bonito sem chuva. Relâmpago sem chuva pede esmola. Quero a chuva junto do clarão, o marulhar das calhas, a água nas escadas das telhas.

Sou do amor fulminante, como um enfarte. De perder a razão. Casar na hora, em dias, esquecer que não era possível, esquecer as dificuldades, esquecer os entraves e pormenores. Não dar tempo para criar problemas. Não dar tempo para ponderar com opiniões dos próximos. Não aceitar conselhos de ressaca, decidir ébrio e arrepender-se amando. Ultrapassar-se.

Não sei como montei a minha casa. Amor junta os pertences, não reclama. Faz funcionar o que não existe.

Deixo a demora para Deus, sou mesmo apressado em mim para ser lento no corpo dela.

Invejo quem faz lista de presentes em lojas e recebe metade da casa mobiliada depois da aliança na mão esquerda.

A aliança nem conheceu a minha mão direita. Mal cumprimentou.

Não recebi nada que está em casa, não tive poupança, fundos de investimento. Recebo os amigos.

Sobrevivi, pois precisava. Não há desculpa para sobreviver.

Invejo quem premedita o casamento, conhece os pais dela devagarinho, faz as reivindicações antes do contrato, briga por teimosia e capricho pelo tom das paredes e marca dos ladrilhos. Que escolhe a cor do cachorro para combinar com o capacho.

Eu não consigo.

Caso para quebrar as regras, para me aproximar no ato, para não deixar o inferno dourar a pele.

Entro no primeiro apartamento e fico. Os livros já são estantes. Ponho o colchão no chão e subo devagarinho com os meses.

Caso rápido porque nunca fui sozinho dentro de mim, porque a saliva é água potável, porque amor é urgência.

Ajeita-se a vida como pode. Um dia a menos não será depois um dia a mais.
Caso em segredo, a dois.
Beijo tem muito despudor para ter medo.
Não me exibo, caso.
Não faço futuro, caso logo para fazer passado.

NEM TODO ARROZ
É SOLTEIRO

Recomendo que se continue a falar mal do casamento. Tem sido a melhor propaganda matrimonial. Quanto mais se lastima, denuncia ou deplora o azar da união, mais corajosos se sentem excitados a enfrentá-la.

No fundo, todo mundo diz para si: comigo será diferente.

O cara com quem ela está saindo tem fama de cafajeste: ela sabe; ele sabe que ela sabe. Mas nada do que será dito a ambos mudará a escolha. No fundo, ela sussurra para si: comigo ele será diferente.

A esperança de ser a exceção confirma a regra. Em coisas de amor, o único ouvido é a boca.

Os conselhos sábios, lúcidos e sinceros dados para quem está amando não servem para nada.

O casal tem apenas a vontade de receber arroz na saída; não está disposto a ajudar a separar os grãos sadios dos estragados. Aliás, não entendo o motivo de o arroz chover tanto nos casórios. É o arquétipo dos solteiros. Passa a maior parte da nossa tradição fazendo ponta para o feijão (isso quando não é o parceiro de dança do strogonoff). É como se o arroz não tivesse talento e nutrientes para ser a própria refeição. Bobagem. O arroz está farto de ser posto por baixo e de lado.

Um solteiro pode ser completo sozinho; um casado pode estar pela metade acompanhado.

O amor oferece uma estranha mania de grandeza, de salvação pessoal. Forja a expectativa da conversão. Não se mergulha no casamento pela ideia de continuar a relação firmada no namoro, mas para alterar o temperamento de uma pessoa.

Se o par não era o ideal no namoro, por que casar?

Longe de mim o moralismo, dizer o que é certo e errado. Unicamente não concordo em enxergar o casamento como uma terceira pessoa, um terapeuta, que resolverá o que ficou pendente na pré-história da relação.

O casamento não modifica o que existia, somente evidencia as virtudes e defeitos com a convivência.

A compulsão do apaixonado é idêntica à do jogador que busca acertar seis dezenas na loteria, ainda que as chances matemáticas nunca sejam favoráveis. Não importa o resultado negativo, preencherá o bilhete a cada semana e fará conjeturas das operações financeiras do prêmio que não ganhará.

Para alguns, casamento parece ser a desculpa perfeita da infelicidade. A fachada para a frustração.

O que o sofredor mais quer é sofrer com público, sofrer com audiência, sofrer acompanhado e, de sobra, ter ainda um cúmplice para botar e dividir a culpa no fim da história.

Encontra-se um parceiro ou parceira para reclamar de não ter feito com a vida o que se deseja fazer. A loucura é descomunal a ponto de o marido e a mulher serem responsabilizados por aquilo que não aconteceu.

O casamento não merece se tornar sinônimo de tristeza institucionalizada.

A ÚLTIMA

Quando pequeno, a última colher de comida nunca era a última. Era, no máximo, a antepenúltima. A última colher não existe. Uma forma de convencer a criança a mastigar a contragosto. Uma forma de persuadir que é o fim para chegar ao fim.

Esta é uma das primeiras mentiras involuntárias dos pais, decorrente da generosidade de ajudar. A última colher deveria significar que é "para valer", mas identifica-se em seguida que não vale nada, e a papinha continua insistindo em entrar.

A partir desse momento, o último passa a criar o gosto de não ser o último. Entende-se o último como algo que não acontecerá. O último — na verdade — é um começo disfarçado.

O último amor. Não há como declarar taxativamente o último amor, porque o desejo admira a incoerência, a contradição, o ciúme.

Como já ouvi gente, após uma desastrada separação, afirmar que não amaria mais e hoje está no terceiro casamento. Talvez tenha sido o último amor naquele dia.

Não se termina nada: amizade, livro, filme, casamento. Fica inacabado, adormecido, avulso.

Temos a incapacidade natural de findar qualquer coisa. Quem pensa que terminou a relação, como se terminar a relação fosse mérito de quem disse primeiro, apenas adiou o seu final.

Haverá uma gaveta para colocar o que não se concluiu, um armário para esconder o que não serve mais, uma garagem para o imprestável até o momento. Não conheço sucata que não atenda a alguma emergência.

O último é somente um início mais convicto, em voz alta. De igual modo, um minutinho é uma hora; um momento, uma eternidade.

O último cigarro, por exemplo, é a ladainha do antissocial, que avisa aos amigos que está parando, faz um carro de som de sua abnegação e não larga o vício. Encontra logo um problema para justificar a retomada.

Num bar, a situação é a mesma. A última cerveja não será a última, a saideira se repetirá tantas vezes quanto as colheradas na boca da criança.

O último é um fundo falso. Os pais replicam ao filho que é a última vez, e não é a última vez. Facilmente desistem da despedida. Será a última vez que levarão o filho ao restaurante. Será a última vez que estarão indo à praça. É sempre a última vez, e a criança entende que no dia seguinte voltará tudo ao normal.

Na hora de escutar o "último", o ideal é pensar "de novo".

SOLIDÃO NÃO É PREJUDICIAL À SAÚDE

De todas as mesas postas, a do café da manhã é a que mais me influencia. Ser o último a levantar, as migalhas denunciando a família na toalha. Varrer o chão de linho com as mãos. O rosto inchado, aos poucos desinflando. A cozinha parada como nata. Escolher entre o mel e a geleia e não errar em nenhuma das decisões, dourar o pão sem pensar em nada, nadificar o pão. Tomar um gole de café forte como quem engole a luz. Barulhar o leite. O som do leite na garganta já é a voz querendo sair. O café da manhã torna-se a única refeição em que não me sinto sozinho, desacompanhado.

Não sou daqueles que vê alguém isolado e pensa que está infeliz, exilado, apartado da sociedade. Se a pessoa persiste fora do grupo numa festa, no trabalho, numa poltrona, de repente está alegre consigo mesma. Alegre com a sua solidão.

Há uma necessidade cultural de puxar conversa com quem está calado. Como se a conversa fosse companhia. Como se falar fosse um favor.

Há a necessidade cultural de criticar quem mora com independência como se fosse falta de opção.

Há a necessidade cultural de chamar de coitado ou coitada quem não depende de um telefone para levantar os braços.

Há a necessidade cultural de condenar a solteira e logo deduzir que não arrumou namorado por descrédito pessoal.

E será que não é escolha?

Na tradição familiar, as tias sofriam o maior dos preconceitos. Só viravam tias por incompetência.

Há uma necessidade cultural de chamar para se divertir um filho que lê um livro no quarto. Será que aquilo também não é diversão? Escutei muito: "Vá brincar lá fora, tem sol." Dentro não pode ter sol?

Duvido, sim, dos que não ficam um pouco em si, mergulhados, imersos, centrados, costurando as palavras com os cílios da agulha, tramando uma figura no pano de prato, uma figura que nunca terá legenda. Os pensamentos conversam quando paramos de ouvi-los.

Cada um é seu próprio amigo em segredo. Solitário, respira a medicação do verde, limpa os óculos na camisa e sopra as lentes. Não é ruim querer ficar em seu canto, com seus hábitos, alargando os chinelos com o uso e desabotoando a boca com chocolate. Não se enxergar como a parte ofendida. Não ser refém do movimento para circular o sangue.

O respeito não chega com a cor dos cabelos. A mata fechada tem a sua clareira no solo. Assim é possível se preparar para amar mais o que não está na gente.

Nem tudo que é par é completo.

PAI MATERNO

Não fui pai observando o meu pai (que hoje é um grande amigo). Aprendi a ser pai observando a minha mãe. Quando garoto de sete anos e memória de sonho, meus pais se separaram, e a vida não foi fácil.

Minha mãe cuidava de dois empregos, trabalhava de manhã, fazia o almoço, voltava ao trabalho, pagava as contas, encaminhava os quatro filhos à escola, limpava a casa, e ainda escrevia, e ainda se arrumava toda bonita com seus lenços no pescoço, e ainda corrigia os deveres, e ainda arranjava tempo para rir no sofá entre a gente, como se fosse um feriado o fato de estar em família.

Nunca a vi xingando. Praguejando. Cobrando. Pressionando. Transferindo culpas. A fatia do queijo era rala, mas o doce de goiaba sobrava e nos fazia esquecer a escassez.

Lá em casa cada um cumpria uma tarefa: eu era o lavador de pratos; Miguel, o varredor; Rodrigo, o arrumador de camas; e Carla, a responsável pelas saídas em equipe, de mãos dadas.

Dentro de mim, nunca fui sozinho. Se não havia um pai por perto para me ensinar a ser homem, havia um irmão, havia uma mãe, havia uma irmã, havia a telepatia do afeto.

Ser pai não é instruir o filho a lavar o carro, a mijar de pé, a fazer churrasco, a falar palavrão, a desenhar a letra, a namorar, a perder a virgindade, a sair de uma desilusão. Não, não é isso.

Ser pai é somente compreender. Ao compreender meus filhos (Vicente e Mariana), estou sendo eles mais do que poderia chegar a me cumprir. Ao ouvi-los, estou sendo eles mais do que seria capaz de escutar a minha própria voz.

Eu imito as minhas crianças, sou um mímico de seus traços. A cada dia, não são eles que se parecem mais comigo, sou eu que me esforço em me parecer com eles. Sou eu que me esforço para merecer seus rostos, que ficam sobrepostos ao meu.

Tem horas que me pego cantarolando canções deles no trabalho e me dá uma vontade de começar tudo de novo pelo prazer de assisti-los. No filme de meus filhos, não quero perder nem os trailers.

A maternidade é inata, a paternidade é adquirida. Eu escolhi ser pai para cuidar do filho que fui, e acabei sendo filho de meus filhos.

Converso, brinco, ponho eles no degrau de meu ombro, encontro uma liberdade que só existia antes em minha solidão, que está ensolarada com os filhos.

A MULHER É UM FIGO

Figo. Assim que eu vejo o amor. Como um figo. Assim que vejo a mulher. Como um figo. O figo não tem o caroço apartado do sumo como a maioria das frutas.

Pode-se engolir a semente sem perceber. A semente é também polpa. Não existe o medo de mordê-lo e trincar os dentes.

O figo é servido para a língua, para o beijo.

Figo é para ser lambido em vez de mastigado. Com a pressão do céu da boca, ele se desmancha.

Figo não desperdiça o sumo. É úmido como um pão quente. Ele hidrata sem escorrer. Goteja pássaros. Não apodrece; amadurece.

Não me lembro de figo que fique sozinho no chão. O sol o transforma imediatamente em terra. Ele somente deita aos lábios, ninguém mais. No solo, cai de pé, pronto a germinar.

O figo tem os galhos e as raízes em si. É o coração da romã. Vidraça para o vento desenhar.

Como a mulher, não há alas separando os quartos, paredes separando as sombras, gomos separando o gosto. O figo é inteiro, quase um fogo.

A alma é corpo, o corpo é alma; ambos se defendem e se revezam.

Suas cores são casadas. Por fora, um verde com azul tal rio manso. Dentro, o vermelho se abre generoso ao amarelo. A casca é um vestido fino, um tecido suave, que deveria ser roçado com o rosto. Não poderia ser chamada de casca, mas de pele. A casca já é parte interna da fruta. O começo tem a lentidão doce do fim. A pele é saborosa como o seu sumo. Não se usa faca para desenrolar a casca, e sim a unha. Um pouco de cuidado, e ela se despe.

Figo não é destinado aos afoitos. É fio de riacho a se recolher da pedra com a concha das mãos. É passar da esperança, reparando na beleza.

Figo não é o pecado, é o pecador. Fruta para ser apanhada direto da árvore, posta junto da camisa. Não mancha, lava o dia. Nunca é tarde para o figo. Nele, os turnos estão acumulados. Perfume da manhã quando a manhã ainda é noite. Não atende a passatempos e urgências. Exige dedicação.

Quem se aproxima do figo não volta cedo. O figo oferece a intimidade da espera entre as cortinas.

O figo são os pelos loiros dos telhados. Como o amor, é macio. Como a mulher, é sensível. Completa o ouvido do ramo com a independência de um brinco. Não se dispersa a exemplo do colar.

O figo é o chapéu, não a esmola. Tem pescoço de um violino. O caule o mantém aceso entre os dois mundos.

O figo não mente o seu desejo; mente a sua idade. Em nenhum momento se arrepende de ter sido.

LEVEZA

É preciso ser leve como o pássaro, e não como a pluma.
Paul Valéry

É preciso ser leve como uma brasa, não como uma chama. Leve como um aceno, não como um grito. Leve como uma horta, não como um jardim. Leve como um livro, não como uma página. Leve como um poema, não como um verso. Leve como uma duna, não como o vento. Leve como um vestido, não como um lenço. Leve como o cristal, não como o vidro. Leve como o pão, não como a migalha. Leve como um temporal, não como o relâmpago. Leve como o varal, não como o casaco. Leve como o telhado, não como a telha. Leve como uma árvore, não como o fruto. Leve como o caroço, não como o inseto. Leve como as mãos, não como a aliança. Leve como o mar, não como a espuma. Leve como uma geada, não como a nuvem. Leve como o vinho, não como a fumaça. Leve como a ofensa, não como o elogio. Leve como o clarão, não como a lâmpada. Leve como a pá, não como a faca. Leve como o cavalo, não como a lã. Leve como o armário, não como a gaveta. Leve como o moinho, não como o chapéu. Leve como o rosto, não como o pente. Leve como o mel, não como as abelhas. Leve como a rocha, não como a erva. Leve como uma varanda, não como a janela. Leve como a voz, não como o silêncio. Leve como a meia-noite, não como o meio-dia. Leve como a despedida, não como a volta. Leve como uma casa, não como um quarto. Leve como as córneas, não como as moedas. Leve como um corredor, não como um quadro. Leve como uma escada, não como um degrau. Leve como uma mesa, não como o prato. Leve como o caráter, não como a opinião. Leve como uma fome, não como o apetite. Leve como o desejo, não como a vontade. Leve como o amor, não como a paz. Leve como o corpo, não como o sangue. Leve como uma porta, não como um pêndulo. Leve como o inverno, não como o verão. Leve como a confidência, não como o segredo. Leve como a alegria, não como a euforia. Leve como a memória, não como a papoula. Leve como o balanço, não como a corda. Leve como a insistência, não como a dúvida. Leve como um casal, não como a solidão. Leve como a boca, não como a língua. Leve como a música, não como a palavra. Leve como a migração, não como o pássaro. Leve como o ninho, não como o ramo. Leve como a pata, não como a asa. Leve como uma cicatriz, não como o traço. Leve como o espanto, não como a reza. Leve como o medo, não como um morto.

É preciso ser denso para ser leve.

DESAMADOR

Não sou capaz de amar por piedade. Amar é estar no mesmo nível, com a mesma altura dos ombros, o tremor de balbuciar e logo beijar para não esquecer o que o corpo pede. Não é rebaixar ou cumprir um favor.

Amar não é uma compensação.

Amar não dá poder, é o despoder. Ensina a generosidade, a vontade de se diminuir para que o amor aumente.

Amar é ceder o gosto, a vida, o futuro. É oferecer a metade da gaveta, da cama, da luz, do banho, da mesa, da folha. É oferecer o que ainda nem se chegou a conhecer.

Tenho, sim, piedade daqueles que empregam o amor como forma de tirania.

Que falam em vão do amor como se fosse fácil encontrá-lo.

Que não exercitam a delicadeza, a retribuição e o cuidado atento, e gritam com quem quer apenas sussurrar. Armam-se do autoritarismo, da vassalagem, da discórdia. Não aceitam o contraponto, a discordância. Para assegurar o domínio, rebaixam seu par para que ele fique dependente, menor, indefeso (não forte, confiante e otimista, como deveria ocorrer e acarretaria independência).

Que envenenam com ofensas, indiretas ou ironias quando a sua vítima está desprotegida.

Que não entendem que toda palavra é um pedaço da boca, e que a boca sangra com facilidade.

Que acreditam que o parceiro ou parceira não tem escolha e que ficará se sujeitando aos seus terrores e dissabores.

Da figura do desamado, o que sofre solitário, surge o desamador, o que desagrega a solidão e faz sofrer. Porque ele recebe o amor e troça de sua força. Seduz por diversão e hábito, pouco se importando com o envolvimento que se segue.

O desamador dirá depois de usar o amor: "Não prometi nada." Lavará as luvas para não comprometer as mãos. Omitirá compulsivamente, que é mais repulsivo do que mentir.

O desamador não tem nada a perder, pois não ama.

O desamador chamará qualquer cobrança de neurose, de doença, de loucura. Fará a pessoa se sentir torta, infeliz, incriminada de rancor. Depois ainda contará para os seus amigos e amigas que está sendo perseguido, e apagará o que não combina com a sua versão.

O desamador não fica doente; adoece o mundo.

O desamador não é facultado ao ódio, quem dera! O ódio ainda facilita o amor.

O desamador recorre à intolerância. Chora somente no sufoco, pede desculpas no momento em que é desmascarado, mas não muda, continuará maltratando com a indiferença. Ele não é bom, muito menos ruim; é apático. Seu autoritarismo é a negação da fraqueza. Tudo que acontece de errado em sua vida vai transferir para quem está ao seu lado.

O desamador emprega a crueldade da reticência, do subentendido; não assume as suas escolhas. Induz sua companhia a entender, sem dizer nada.

O desamador gera culpa, dúvidas, incertezas. Não declara sim ou não. Delicia-se com a confusão.

Quanto mais culpa, mais ele exercerá a sua autoridade. Parte da ilusão de que ele ou ela não voltará atrás. Condiciona seu afeto a uma esmola.

Custo a crer que o desamador nasceu do ventre de uma mulher.

MANICURE

As mãos da manicure são sapatos cômodos. A manicure é melhor do que um marido: opina sempre a favor, não discorda, e nem preciso explicar o começo da história, principalmente porque a minha personagem predileta nunca aparece na história.

O salão é como um armário de cores: 150 opções de esmalte, afora as misturas e as estantes do invisível.

A manicure é a única mulher que tem unhas horríveis em função da acetona. Ela se sacrifica em meu lugar — é comum reclamar das dificuldades de visão e dor nas costas —, não importa quem está me atendendo.

Os dedos se tornam pratos com muito verde e vermelho nas bordas. São como salada para enfeitar. Não é porque gosto — é questão de estilo.

Enquanto a manicure limpa o esmalte, corta e lixa as unhas, vou me esvaziando. Ali falo o que não preciso.

Percebo que os sons, as vozes, as preocupações são cores descascando.

Não dou corda ao dia para ele não se enforcar.

Desligo a defesa e as advertências.

Coloco as mãos de molho e sinto-me diante de uma cartomante. Liberto-me da vaidade de decidir.

Aos poucos, ela empurra a cutícula com a espátula, e eu empurro meus problemas com a espátula; ela retira a cutícula, e eu retiro os problemas; ela passa a base, e eu refaço a minha base; ela pinta, e eu estendo o braço no escuro.

Volto para casa disposto a conversar com estranhos.

COISAS FAMILIARES

Não volto mais. Não adianta resistir na janela, apertar o interfone, mexer as pernas com intranquilidade, recorrer às paredes, avisar os parentes.

Não volto mais. Pode arrumar a casa sem o café, virar o cinzeiro, dispensar os livros arranhados, os discos sublinhados.

Não volto mais. Haverá espaço sobrando na mesa, na cama, no banho, no armário. Haverá espaço sobrando em seu ouvido.

Não volto mais. Terá que buscar o jornal, alimentar o cão, morder o lápis, cortar a cebola na tábua como se fossem meus olhos. Perderá as datas de vencimento das contas, as chaves no bolso, o lugar das aspirinas.

Não volto mais. Não sentirá o susto de ter adivinhado minhas ideias, o meu desespero em falar das novidades, os meus casacos espalhados nas cadeiras.

Não volto mais. Não haverá jogos, apostas e brigas, o calendário permanecerá na mesma folha de novembro, não chegarei mais atrasado, a garrafa de vinho restará à toa, a chuva será água com gás.

Não volto mais. Logo esquecerá o número de meus sapatos, o meu peso, o tamanho dos ternos, dos sonhos, dos fracassos.

Não volto mais. Comprará tudo em dobro: o amor, o xampu, os sabonetes, o pão, a comida. Pagará tudo em dobro para consumir a metade. Não haverá meu prato para medir a distância de sua fome, meus talheres para aproximar as mãos. Jantará de lado, com a televisão. Fechará a casa, deixando a tranca de dentro aberta. Manterá a esperança na escrivaninha.

Não volto mais. Escreverá o nome de casada com a solidão solteira. Não identificará as árvores e os colegas em seu trajeto pelo trabalho. Ninguém vai ligar para entreter o seu cansaço.

Não volto mais. Seu inverno demorará no escuro, seu verão demorará na luz. Não estarei esperando na porta. Faltará alguém para elogiar você. Não confiará no espelho.

Não volto mais. Suas lembranças serão deserdadas, parte das fotos sumirá de repente, as cartas servirão de rascunhos. Deixará de comer peixe com receio das espinhas.

Não volto mais. Me chamará de filho da puta e conversará com a minha mãe para saber de notícias. Me ofenderá por não entender você, por não amar, por não insistir. Me julgará sem direito a opinar. Convencerá suas amigas de que sou desleal, que não fui fiel, que não presto. Tomará um porre para chorar; a verdade será maior do que a sua vontade de mentir.

Não volto mais. Pastará o pão com as migalhas irritadas, pastará o papel com as vogais irritadas.

Não volto mais. Vai odiar a sala limpa, as estantes alinhadas. Mandará flores para o seu endereço. Minha tosse não a acordará de noite.

Não volto mais. Não faremos mais sinais em lojas, não subiremos as vozes no carro, não torceremos juntos.

Não volto mais. Tentará prever por onde ando, com quem saio, com quem finjo. Meus cabelos serão nuvens pelo tapete. Retornará o medo de fantasmas, de versos.

Não volto mais.

Não volto mais para o meu corpo.

VISTA GROSSA, MALHA FINA

Quem não alugou um apartamento e sofreu com a mudança? E, quando se pensava conhecer a história do imóvel que se está deixando, cada centelha do lugar, cada porção de seu mistério, vem a vistoria com uma lista de defeitos que não se previa. A imobiliária trata de encontrar motivos para aumentar o custo da reforma antes de aceitar a chave de volta.

O tapete apresenta manchas. Que manchas?

Preparo-me para a briga, mas daí me lembro de uma garrafa de vinho que derrubei ao dançar com a Ana (para atestar como danço bem!).

O vidro está trincado. Confesso que nunca vi esse detalhe devido à proteção das cortinas, e desconfio que seja anterior ao ingresso no apartamento. Como saber?

Na hora em que se entra na casa, não se dá bola para o relatório. Como fazer a exumação em pleno nascimento? Impossível pedir que se listem os danos no ingresso quando o que mais se quer é curtir a rede na varanda.

A imobiliária não esquece uma vírgula.

A perfuração dos quadros lembra uma colmeia. Massa corrida em minha boca.

A porta de correr ficou danificada. Negocio a troca.

Havia um aspirador de pó no armário que faliu de asma. Sou obrigado a pagar o conserto de um dinossauro. Por que fui mexer no bicho? É tarde para remorso.

Contam-se cinzeiros, ganchos, trincos, estantes, coisinhas mínimas e ordinárias, como riscos nos azulejos da cozinha, rachaduras de passarinhos, cabelos de lagartixas, problemas microscópicos incorporados como ofensas de uso.

Em minutos, passo do viveiro ao antiquário.

Será que terei que repor o jacarandá que cortaram do outro lado da rua?

Será que terei que restituir o sol que sumiu devagarinho pela construção ao lado de meu prédio?

Será que terei que ressuscitar o gato do vizinho que deixou de miar de noite? Ou raspar o musgo, excitado com as chuvas, que surgiu nas paredes de fora?

Não duvido.

Algo semelhante e destruidor é reprisado nas relações afetivas no momento de se mudar de uma vida para outra.

No começo, a euforia não deixa ninguém reparar nas falhas. Pretende-se enxergar unicamente as virtudes. De modo nenhum os pequenos acidentes ou promessas de engano. É uma cegueira otimista. Assume-se a biografia do par com a calmaria entusiasmada. Há uma generosidade no contrato, tudo pode ser resolvido, consertado, arrumado.

No final, no instante de deixar o casamento, as pessoas ficam avarentas como a vistoria imobiliária. Nada pode ser deixado para amanhã. A ofensa é para agora. Ambos só identificam os defeitos. Só apontam os lapsos. Só reclamam da usura.

Fecham-se para o que se aprendeu, o que se dedilhou, o que se amou. Apontam as infiltrações, os rumores das paredes, as torneiras indigentes.

O longo cotidiano amoroso é esvaziado em itens, rasuras e grosserias. Culpam-se pela ausência do desejo, pela união arruinada. É uma cegueira pessimista. Agem como vândalos, saqueando a própria residência e transformando a partilha em roubo.

Não são educados ao sair como foram ao entrar.

Ela diz que ele ronca, come rápido, não transava bem, usava sua escova de dentes.

Ele diz que ela é frígida, vive gastando, cozinha mal, está gorda.

Não há como discernir as mentiras das verdades, já que a raiva mistura as duas para ser mais contundente.

Os defeitos existiam desde o princípio, não se melhora ou piora com o relacionamento; se amadurece.

Conciliar a entrada da casa com a sua saída é aceitar o que as pessoas são, não o que deveriam ou poderiam ser.

Faltou perceber que não se destrói a memória com as palavras. Muito menos a imaginação.

Uma casa só é preservada quando povoada.

NÃO SER AMADO

Passa-se da idade de casar, como se houvesse idade para isso. Passa-se da idade de ter filhos. Suporta-se o desespero de guardar um cheque em branco assinado com o temor de nunca descontá-lo.

Quem colocou limite em nosso tempo?

Regulamos a nossa vida em comparação com as outras, desde a infância até a maturidade, desde o jardim até o asilo. Semelhante a dirigir com o velocímetro quebrado e comparar o que se anda pelos demais carros.

O ritmo não pode ser imposto por fora. Convence-se de que não se é amado.

Não ser amado é pior do que ser invisível. É narrar o que faltou acontecer. Fica-se grávida da vida que não se teve. O peso de um corpo que nem sequer existiu para continuá-lo em pensamento.

Não ser amado é pior do que ser invisível. Pois nascer não é o bastante para ninguém.

Não ser amado é o mesmo que carecer de pálpebras. É o mesmo que sofrer uma insônia parcial, somente nos ouvidos.

É chamar atenção para as virtudes quando os defeitos não param de falar.

Não ser amado é pior do que ser invisível. As portas do guarda-roupa são as venezianas que espreguiçam a casa, e nada é suficientemente justo para dar folga à alegria.

Não ser amado é não encontrar cintura para as palavras. É um castigo mais severo do que o ódio. É mais grave do que esquecer.

Não ser amado é perder a possibilidade de contestar o próprio destino. É morrer de uma saúde incurável. É participar do mundo como se ele estivesse sempre por ser criado. É colar o fogo porque não há carta para ser queimada.

Não ser amado é se diminuir para dormir, se aquietar no almoço familiar, não mudar a assinatura de adolescente. É pular os fatos por não fazer parte deles. É sentar em uma escada para não cair em falso. É não levar uma foto 3 x 4 na carteira. É correr o domingo para chegar na segunda.

Não ser amado é um crime de que não se teve culpa, um castigo que errou de irmão. É voltar aonde não se esteve.

Não ser amado é concluir que o final poderia ser diferente se tivesse havido um começo. É escolher tudo da vida para contar com receio de faltar história. É a velhice avançar sem trazer vergonha; é a velhice avançar com a indiferença ao colo. É voar como um pássaro e ser chamado de morcego. É gastar o parapeito da janela mais do que a porta.

Não ser amado é acreditar que o amor significa apenas receber.

BIPOLAR

Eu amo desorganizado, desavergonhado. Tenho um amor que não é fácil de compreender porque é confuso. Não controlo, não planejo, não guardo para o mês seguinte. A confusão é quase uma solidão adicional. Uma solidão emprestada.

Sou daqueles que pedirá desculpa por algo que o outro nem chegou a entender, que mandará nova carta para redimir uma mágoa inventada, que estará se cobrando antes de dizer.

Basta alguém me odiar que me solidarizo ao ódio. Quisera resistir mais. Mas eu faço comigo a minha pior vingança.

Amar demais é o mesmo que não amar. A sobra é o mesmo que a falta. Desejava encontrar no mundo um amor igual ao meu. Se não suporto o meu próprio amor, como exigir isso?

Um dia li uma frase de Hegel: "Nada de grande se faz sem paixão." Mas nada de pequeno se faz sem amor.

A paixão testa, o amor prova.
A paixão acelera, o amor retarda.
A paixão repete o corpo, o amor cria o corpo.
A paixão incrimina, o amor perdoa.
A paixão convence, o amor dissuade.

A paixão é desejo da vaidade, o amor é a vaidade do desejo.
A paixão não pensa, o amor pesa.
A paixão vasculha o que o amor descobre.
A paixão não aceita testemunhas, o amor é testemunha.
A paixão facilita o encontro, o amor dificulta.
A paixão não se prepara, o amor demora para falar.
A paixão começa rápido, o amor não termina.

Não me dou paz nem um segundo. Medo imenso de perder as amizades, de apertar demais as palavras e estragar o suco, de ser violento com a respiração e virar asma.

Até a minha insegurança é amor.

O pente nos meus cabelos é faca, enquanto é garfo para os demais.

Sofro a incompetência natural para medir a linguagem das laranjas; acredito desde pequeno que tudo que cabe na mão me pertence.

Minha lareira não dura uma noite, esqueço da reposição das achas, do envolvimento da lenha no jornal, de assoprar o fundo.

Brigo com o bom-senso. Ou sinto calor demais ou sinto frio demais.

Uma ânsia de ser feliz maior do que a coordenação dos braços. Um arroubo de abraçar e de se repartir, de se fazer conhecer, que assusta. Parece agressivo, mas é exagerado.

Conto tragédias de forma engraçada, falo de coisas engraçadas como uma tragédia. Nunca o riso ou o choro acontece quando quero.

Cumprimento como se fosse uma despedida.

Desço a escada de casa ao trabalho com resignação, mas subo na volta pulando os degraus.

Esse sou eu: que vai pela esperança da volta.

ESTILHAÇOS DE VIDRO

Quando um copo quebra, por mais que se recolham os fragmentos, algo ficará piscando no chão no dia seguinte. O vidro faz seu colar para vender ao sol. Algum estilhaço sobrará ao longe, pronto para ferir o pé desmemoriado.

Um vaga-lume sem o brilho do ruído. Como um anel solteiro, divorciado, viúvo.

Não se lava plenamente a memória, não se varre plenamente o piso, não se isola a verdade.

Dizer que uma relação terminou porque se quer conclusa.

Dizer que se esqueceu porque não se permitem fiascos.

Dizer que não voltará a fazer é inútil. A delícia dos erros é justamente a reincidência.

Nossa solidão não é filmada, porém nunca chora sozinha.

A vida suja as mãos, suja a boca, suja os olhos. Suja de honestidade o que não se enxerga.

Viver é se cortar. Não contar os riscos. Quero pecar sem intervalos.

Não há como amar sem dar tempo ao ódio. Não há como odiar sem dar tempo ao amor.

Paixão é não saber. Quando se sabe, é amor.

DEIXE-ME DANÇAR SUAVIDA

Quando danço com a minha mulher em casa, pego o LP e ponho no antigo toca-discos.

O ritual semelhante ao de esticar os lençóis antes de deitar.

Levanto a tampa de acrílico, sopro o pó, arrumo a agulha.

O aparelho pede proximidade, apoio, vigília. Ligar sem botão de controle, de modo manual, com os dedos tremendo.

A ponta afiada nos círculos traduz nossos sapatos no piso. Ajuda o vaivém no pescoço, a troca consensual da língua e da respiração. As rotações lentas e o ruído suave para ouvir as preces e os pedidos dela.

Ouvir o LP é não apagar as cigarras da noite e da varanda. É uma noite com os astros gritando ao fundo.

Escolhemos para tocar os discos adquiridos separadamente por cada um na adolescência e que dominavam as reuniões dançantes. Álbuns com os encartes rasgados, amarfanhados, curtidos.

Algumas músicas estão arranhadas pelo uso excessivo, mas a falha é abafada porque se conhece a letra de cor, e cantamos alto. E o som é apenas o eco do nosso próprio timbre.

É como se recuperássemos o tempo em que não nos conhecíamos.

Nosso jeito de voltar ao passado e namorar em distintas fases da vida dos dois.

Torno-me seu primeiro, seu segundo, seu terceiro, seu último namorado. Sou seus amores festejados em um.

Retornamos às antigas festas como estranhos. Retornamos aos locais em que um e outro ainda queriam aprender a amar.

Cumprimentamo-nos ao longe, esperando que um colega nos apresente e facilite a conversa.

Não aguardo.

Percorro o salão, fingindo devolver o copo vazio à mesa. Encho as mãos com as dela.

Dançamos.

As canções são a memória dela.

Entro nas rimas, hospedo-me em suas impressões, faço cama nos estribilhos.

Vou girando e levando-a para perto.

Giro e peço para namorá-la em toda faixa.

Ela diz que vai pensar, e intensifico o abraço. E meu braço já é longo como uma perna.

Agora estou em sua formatura, agora estou em seu aniversário, agora estou em nosso casamento, agora estou embalando o nosso filho, agora estou em nossa casa à noite.

CHALEIRA DO MAR

O amor não termina — esquece de começar. Não explicar é decorar. O amor que não esqueço é justamente o que não sei os motivos do seu fim. O amor que permanece é aquele que não sei como começou.

Procuro o que não tem lugar.

Meu rosto é caprichosamente desleixado.

Não há fronteira entre o raciocínio e a regra.

O caminho de volta já é outro caminho.

Ganho a vida quando perco o que eu queria dela.

Sofro do pavor do que é anterior ao nome.

Meu corpo não me conta tudo. Sempre há letras a mais em minhas sobrancelhas.

Provoco mais ausências do que presenças. Minha profissão é criar ausência.

A criança deixa de ser quando a incentivam a dizer o que ela vai ser.

É mais difícil virar a página de um livro velho.

O amor pode ser empregado para não amar.

Quem ama sem violência não conhece a ternura para consolar.

Há dias em que todas as estações se encontram.

Há dias em que não me lembro de ter nascido. As coisas só têm a primeira pele.

A realidade possível vira prosa; a realidade impossível é poesia.

A luz que não se suporta já está dentro.

Quem inventou o fogo não inventou a cinza.

Cupim não gosta da madeira talhada, prefere entalhar sozinho.

A memória tem uma memória depois dela.

O erro não me torna pessoal.

O ombro nasceu para o repouso de uma cabeça.

Os cabelos inclinam crepúsculos.

Os pássaros são facas desajeitadas.

Arrasto a respiração para arder.

Não amo em troca da nudez.

Uma vela é um pião girando, a corda invisível na cera.

A dor me escondeu para me alfabetizar.

O fundo do poço é água voando.

Brigo com os fatos para favorecer a imaginação.

Minha caligrafia é um telefonema por engano.

O caranguejo recua porque deixou a chaleira do mar acesa.

Não conheço homem que chore de chapéu.

Usar óculos é o equivalente a comer com os cotovelos apoiados na mesa.

Vim do interior onde tapetes eram os lençóis dos astros.

Sou mais ágil dividido.

CHAPÉU DE RECADOS

Pode me tirar tudo: o orgulho de ter nascido antes de mim, a arrogância de ter morrido depois de mim.
Pode me tirar os livros, os meus preferidos perto da cama, as ideias que seriam geniais se não fosse a prudência. Os suspensórios dos olhos.

Pode me tirar a compreensão, o perdão, os ossos contados como dias nas paredes da carne.

Pode me tirar a madressilva da porta, a porta, o meu jeito de comer.

Pode me tirar o apartamento, o espaço da fala, as flores do túmulo.

Pode me tirar o riso, a independência do riso, os conhecidos, as festas de corredor.

Pode me tirar a memória e até o esquecimento.

Pode me tirar o egoísmo e a paixão, a cultura que adquiri às pressas, a serenidade para julgar, a severidade do combate.

Pode me tirar as metáforas, a fuga, a minha saída do sangue.

Pode me tirar o nome, o sobrenome, a neblina entre a minha casa e a praça.

Pode me tirar a alfabetização, o que escondi na infância e não achei de volta; o que escondi no amor e não pedi de volta; a própria volta. Pode me tirar a segunda chance, o voto de confiança, a remissão dos pecados.

Pode me tirar os excessos do mínimo, o idioma, meu receio de ficar sozinho.

Pode me tirar a anestesia, a dormência dos dentes, o telefone sem fio, a vigília do abajur.

Pode me tirar as chaves, o caderno, o chapéu de recados.

Pode me tirar o vício, o cigarro, a loucura amarrada nas patas de um corvo.

Pode me tirar o colo, a sesta, a audição das escadas.

Pode me tirar o desejo e pôr a inquietação em seu lugar.

Pode me tirar os traços dos filhos, os hábitos de minha mulher, o respeito dos outros.

Pode me tirar a liberdade que confundi com justiça porque nenhuma das duas se conheceu a tempo.

Pode me tirar a esperança que embaracei na fé, a amizade dos cotovelos.

Pode me tirar os instantes em que não vivi na rua, o apego ao quarto, a diferença.

Pode me tirar a voz e a garganta da chuva.

Pode me tirar o consolo do medo, a confissão da manhã.

Pode me tirar a genealogia, a geologia das falhas, os rins em vida, cortar as minhas roupas.

Pode me tirar as cordas do balanço, os gestos depravados, o vento marinho.

Pode me tirar o centro e a fogueira, a transparência da lua e as videiras do sol.

Pode me tirar a tranquilidade dos pés, os quadros, as formigas ruivas e o açúcar.

Pode me tirar o trabalho, o certificado de dispensa militar, o CPF, o RG, as contas bancárias, denunciar-me por propaganda enganosa, por falsa identidade.

Pode me tirar as possibilidades das mentiras, os anjos de jardim, os varais que cruzam os pátios.

Não há castigo infinito. Não há dor infinita. Um dia a gente termina para começar, começa para terminar, refaz o percurso como se nada tivesse acontecido antes.

Deixe-me apenas uma cadeira de palha, amarela, para olhar com piedade o que fui e me deslumbrar com as ruínas.

BODAS OU APOCALIPSE?

Não existe amor errado. Existe somente amor que não se convenceu. É senso comum defender que o casamento desmorona após dez ou quinze anos. Que chegam a monotonia, o tédio, o marasmo.

Os casados têm que atravessar uma praga, uma maldição dos divorciados, desbastar o olho gordo, resistir a essa música bate-estaca nos ouvidos.

Quem pergunta "quanto tempo tem seu casamento?" e recebe uma resposta acima de uma década solta uma risadinha cínica. A risadinha cínica está a afirmar: "Espera, a tragédia virá!"

Casado, me vejo como um ingênuo, um idealista, como uma criança que olha sexo na tevê e o pai apaga e avisa que no futuro ela entenderá.

Não concordo com o hábito de ser pessimista para não sofrer depois. O pessimista sofre duas vezes: antecipando e cumprindo. O otimista, no máximo, sofre uma única vez. E nem sempre se aprende com o sofrimento.

Já vi gente que sofre barbaridade e não muda nada. Sofre e termina mais egoísta, mais cético, mais isolado, mais frio.

Pode-se aprender com alegria, não? A alegria ensina, ainda mais depois das dificuldades.

De onde vem essa fobia da longa convivência?

Será que a mulher com quem vivemos se torna indiferente, deixa de oferecer toda a intensidade de antes ou o amor é que se torna mais exigente com o tempo e se especializa em reivindicar?

Poucos param para sondar essa hipótese: é natural o amor ficar excessivamente severo, já que agora tem uma história e a fortuna dos dias, a tal ponto que cobra o que nem precisava.

Não é o amor de antes que acabou; o amor de antes ficou tão grande que vê tudo como falta de amor. Perto do que se transformou, o mundo é pequeno para alojá-lo.

O amor é insaciável. Quanto mais obtém, mais quer. Diferente da amizade, que não aposta alto e se contenta em proteger o que obteve em vida.

A amizade larga a roleta em um único lance.

O amor não. O amor se endivida até pedir falência. O amor tem uma fome obscena, pois devora a própria memória se necessário, devora a própria imaginação se preciso.

O que cada um representa individualmente é diferente do amor dos dois, assim como um filho é diferente dos pais.

O amor dos dois é uma outra entidade, resultado de todos os momentos em que sentaram juntos e dividiram os movimentos das sobrancelhas.

O amor dos dois é mais forte do que o amor pessoal.

O amor dos dois faz com que o passado seja pouco, que o futuro seja pouco, que o corpo seja pouco.

O amor dos dois é justamente o que pode apartar. Incrivelmente o marido e a mulher sentem ciúme do amor que criaram.

PARA DOIS

Quero o vaso das mãos, vasos secos, para me desabituar de germinar junto às paredes. Vaso que não serve para coisa alguma, que é como um chapéu, bengala e guarda-chuva, que não se explica. Vaso sem flor que o justifique. Vaso com a própria terra dos dedos.

Quem procura as melhores palavras para dizer ainda não está certo.

Devemos procurar o melhor silêncio. Um silêncio que não silencia. Um silêncio de lado, sem importância.

Não me esqueço do dia em que não fizemos nada, nada mesmo, parados, nos olhando de perto, rosto a rosto, sem enxergar nada, a não ser a respiração um do outro. Rindo a esmo, abraçados.

A janela como um vinho aberto. O futuro passeando pela janela, confundindo vida e morte, uma criança e sua alegria incomunicável.

Talvez você me tenha visto em sua companhia na infância ou na velhice.

A pele macia como qualquer fruta depois da chuva.
Nossos vícios perfeitos, nossas virtudes imperfeitas.
O gorro de meus cabelos e suas unhas.
Minha vontade de puxar seu corpo como uma cadeira, sua vontade de colocar o casaco para dormir.
Não importa em que tempo estávamos.
A falta de palavras é também um idioma.
O que se esforçou para viver não desaparece.

GATOS, CÃES
E PASSARINHOS

Quem cuida de gato ama a sua solidão. O felino fica quieto pela casa, como um ruído do osso, um ruído interno do corpo. Enovelado em suas memórias fundas, tão fundas que requer concentração para subi-las. Flor assustada, jardim móvel. Nem com um nome ele se torna doméstico. Confidente que censura com compaixão, que compreende com piedade. Não é um animal que tosse; no máximo, espirra. Seus olhos claros, pirilampos dentro de um pote. A plumagem clara ou escura nasceu como ouvido da noite. Sua superação é beleza.

Quem cuida de cachorros gosta de escapar de sua solidão. Sair para passear, andar com ele com coleira, dividir o cumprimento, o tapete da rua. Cão é gastar sapato, cheirar árvores e grama, descobrir onde há um vento para caçar pássaros, onde há estrelas úmidas, onde há parede para escorrer lagartixa. O cão é dispersivo, late para estar em todos os lugares, e não está em nenhum; diferente do gato. Alerta, fala mais do que escuta. Pede conselhos para adormecer intacto em sua dor ou à espera da dor. É leal como um copo-d'água. Tosse como gente grande. Seus grandes olhos têm bigodes, feitos para a despedida.

    Quem cuida de passarinhos gosta de vigiar sua solidão, gosta de pousar, não apetece sentar ou permanecer de pé. A gaiola é um aquário de janelas, onde o mundo se reduz a um punhado de alpiste fora da mão. O passarinho rema sua plumagem: o bico. Canta com o canto do olho. Não está desesperado, muito menos tranquilo. Solidão nervosa, que intimida somente com o pulo do trapézio, sem revólver, faca ou punhal. O pássaro é o gomo primogênito, o barulho de uma lâmpada. Um parente que visita você com mala. Cinzas que choram rindo, longamente longe das brasas.

ANIVERSÁRIO

A alegria é uma vergonha. Não me entenda errado: a alegria é uma vergonha. A verdadeira alegria me deixa envergonhado, com afobado pudor.

Aniversário é o dia em que sinto vergonha, não a vergonha do arrependimento, mas a vergonha da insuficiência, vergonha da euforia da insuficiência.

No momento em que a gente ama, é difícil não sentir timidez ao mostrar a nudez. Quem não tem vergonha não ama.

Não é questão de deixar acesa a luz do quarto ou não, e sim de deixar o corpo aceso ou não.

Um comedimento de se doar por inteiro, de se expor.

Duvido daqueles que não sofrem do embaraço com o que ainda desconhecem do próprio corpo, das vontades da pele.

O corpo é a voz ou a falta da voz?

Faço 33 anos e não faço a idade, faço a lembrança da idade.

Eu pensava que solidão fosse sentar nas pedras para espumar o mar. Solidão é ficar com os amigos enquanto o mar nos procura com a sua lâmina de orvalho.

Já morri muito e me obriguei a nascer mais do que morri para não endividar os filhos.

Virei uma interrogação deitada de erva.

Minhas mãos se alumiam como moedas. Com cigarras no jardim, a festa é perto.

Eu fui criança tarde, adulto cedo.

Aos meus oito anos, minha mãe perdeu sua mãe. Voltava do enterro. Olhei bem firme para ela e disse: "Alguém precisa cuidar de você."

Não me perguntei quantos anos eu tinha para ajudá-la. A coragem é sempre adulta (o medo é sempre infantil).

Tirei suas roupas, botei minha mãe na banheira. Dei banho nela com uma esponja amarela, depois a vesti e coloquei-a na cama para dormir. Inventei de arrancar algumas hortaliças da horta para perfumar a água. Devo ter colocado inclusive urtiga, não sabia diferenciar os verdes dos olhos verdes.

Eu era o pai de minha mãe porque mãe não é sol toda hora, às vezes é crepúsculo e depende de amparo para descer das árvores.

"As flores exalam mais seu perfume quando estão tristes" foi o cartão que eu escrevi para ela. Todos os irmãos assinaram, e a gente colou uma passagem de ônibus para que ela fosse passear bonita.

Não quero sacrificar a generosidade natural de viver, que não é minha, que é comum, que é acordar somente quando se olha a primeira pessoa na rua.

Viver não é continuar, viver é começar. A possibilidade de amadurecer (não de mudar) a si nos outros e de amadurecer (não de mudar) os outros em si. Alegria de abotoar uma camisa amornada de vento. Sem passar. Sem pensar o fogo.

Meu aniversário é o aniversário de casamento com a Ana. A Ana é mais do que a mulher que eu amo; minha vida é dada através dela. Ela me deu a minha vida.

Eu não havia publicado nada até então. Eu não me revelava; eu me escondia. Minha tristeza era arrogante, ferina; eu me excluía.

A literatura significava erudição, quando a literatura está onde o desejo é analfabeto.

Acreditava que, por ter olhos caídos, não seria capaz de rir.

O que eu sou, o que posso ser, o que posso não ter sido, os Fabrícios que se anularam, que se encontraram, que desistiram, que se alcançaram amam a Ana. Até o que eu não vivi ama a Ana. Até o que não suporto em mim ama a Ana.

Seus olhos fixos que se abaixam quando pretendem me convencer. Seus olhos fixos: eu beijo seus olhos como quem recolhe uvas do telhado, para recordar o que não existe.

A diferença entre o inferno e o céu é que o inferno foi construído, e o céu, descoberto.

Depois de uma vida juntos, não há como dizer que ela não me esperava em mim antes de me conhecer, que eu esperava nela antes de me acontecer. Somos duas esperas que puxaram conversa enquanto aguardavam Deus.

A língua dos peixes é a mesma língua dos pássaros.

A Ana me roubou para me devolver.

SEM COMPAIXÃO

Não se deve procurar Deus só quando se precisa. Procuro Deus especialmente ao discordar Dele. Quando fico com um dilema sério, escuro que nem caixa-d'água, espero sete dias antes de responder alguma coisa.

Toda dúvida minha tem missa de sétimo dia. Sete dias são suficientes para velar, reconhecer e aprender a amar uma ausência, assim como se amava uma presença.

Toda dúvida merecia anúncio no jornal convidando os familiares e amigos para celebrar seu fim.

Uma dúvida é motivo de hóstia.

Não sofri pena de mim, piedade, não quis ser um outro mais bonito. Já tive raiva, ódio de mim, por ter machucado alguém sem propósito, por absoluta incompetência afetiva. Mas compaixão, nunca.

Ao conversar com uma mulher de olhos azuis, converso mais com os olhos azuis do que com os seus dentes. Os olhos azuis são os meus bisavós.

Uma vez, bem recente, percebi que a amiga de olhos azuis reparava insistentemente em meu rosto e balbuciava, sem chegar a dizer o que queria, como que fazendo bolha de sabão para que eu pudesse estourar. A voz não saía, ela salivava. De repente, pergunta, destruindo a elegância da espuma: "A máformação de seu rosto, do seu queixo, é resultado de um acidente?"

Eu me calo e penso na missa de sétimo dia da dúvida.

Seria fácil responder que sofri um acidente, que destronquei a minha face pela imposição do destino, gerando alívio de que algo me aconteceu externamente para justificar o semblante estranho e confuso de traços.

Seria fácil dizer, por exemplo, que caí quando bebê e fui salvo em uma incubadora.

Seria fácil afirmar que levei uma surra de um macaco no zoológico ao dar a ele pipoca e tive que ser reparado a tempo no hospital e que os médicos fizeram o melhor que podiam.

Porém, a minha feiura é autêntica. Não há cicatriz, corte ou ferimento que tenha sido sarado.

Nasci filhote de cruz-credo. Não passo a mão na cara esperando um milagre.

Assim como as mulheres se gabam de não terem aplicado silicone ou efetuado lipoaspiração, alegando que sua beleza é natural, reitero que a minha fealdade é espontânea. O desvio de septo não surgiu de um soco; não desci errado do ventre; minha face estupidamente longilínea, como uma bacia de cortar cabelo, já era assim desde o primeiro dia. Minha boca é miúda, com o céu da boca estreito. Sou feio de nascença. Minha barba me mostra mais do que me esconde. Não tenho orgulho, tampouco resignação. Sobra realidade em meu queixo.

O DESGOVERNO

Seu riso não é o mesmo riso. Há tantos risos em você, que ainda não descobri todos.

O riso contido, encabulado, que costuma aparecer em restaurantes.

O riso desaforado, malicioso, com a proximidade dos ouvidos.

O riso choroso, que surge no meio da tristeza e faz você rir e chorar ao mesmo tempo, como uma pane elétrica.

O riso materno, de orgulho distanciado, como que perguntando como aquela criança enorme saiu de seus olhos.

O riso ao sair do banho, boiando no perfume, mostrando os dentes como seios.

O riso fúnebre, do sarcasmo, quando você não suporta mais uma conversa e empurra a cadeira e a respiração para trás, com barulho.

O riso sem graça nenhuma, falso, que aconteceu involuntário e não tinha fôlego para permanecer.

O riso esparso, que escreve os olhos em letra minúscula.

O riso do gozo, que se levanta com a ajuda dos braços da cama.

O riso esticado para fotografia, de pálpebras cerradas.

O riso da formalidade, meia-boca, de quem não está ouvindo.

O riso epiléptico, da brincadeira, onde as palavras são profecias.

O riso de quem não é indiferente a nascer, cúmplice, amigável de sombras.

O riso do cumprimento.

O riso do aceno.

O riso debaixo de um guarda-chuva, minguante, preocupado em não pisar em um rosto.

O riso estranho, de não lembrar o nome com quem se está falando.

O riso do perdão.

O riso do castigo.

O riso desigual, que puxa mais o lado esquerdo do que o direito, que entorta a boca como uma aspirina sorvida a seco.

O riso que é soluço e demora alguns segundos para voltar.

O riso contemplativo, com os lábios comprimidos da mímica.

O riso que é gargalhada, uma pedra sem chegar ao fundo.

O riso afônico, como um filme rebobinando.

O riso indiferente, que não faz cova nem enterra o osso do riso.

O riso macio, do sono, das pernas esticadas no lençol novo.

O riso que é desgoverno da palavra.

O riso que gosta e não elogia.

O riso da adoração de algum canto.

O riso de quem ama tudo e não se mexe.
O riso de enganar as intenções da cólica.
O riso tardio, que se dá conta bem depois do riso.
O riso antecipado, nervoso, antes da hora.
O riso da impaciência, apertado como um desejo.
O riso da prova, da fugacidade deliciosa.

O riso do provador quando a roupa ajuda a esquecer as medidas do corpo.

O riso de sobra, de quem encontrou uma vaga para estacionar.

O riso da fome, que fica aberto, em sentinela.
O riso de quem retém o sopro de um verso.
O riso sentado, estando de pé.
O riso teológico, que promete Deus em causas próprias.
O riso que desaprendeu o volume da água.
O riso do susto, justamente quando pensava bobagens.

O riso que peguei emprestado como um livro e não devolvi, e que, de vez em quando, ri sozinho dentro da minha boca.

Pouca coisa levo no bolso.

Seu riso é onde lavo o rosto de manhã.

QUANDO ELA GOZA

Depois de amada, estendeu seu corpo ainda tremendo. Quase chorava de tanto que se expulsou. Quase chorava de tanto que se recebeu de volta.

Não me aproximei. Não podia interferir em sua solidão. Dizer o quê?

Não podia me aproximar de sua solidão. Dizer o quê?

Seus músculos ainda estalavam, o sangue aquecia os ouvidos. Dizer o quê?

Qualquer palavra é intrusa. A boca eram seus cabelos boiando. Dizer o quê?

O homem deveria se distanciar depois que a mulher goza. Não tomar para si a glória ou o prazer. Não reivindicar autoria. Não sujar a parede com a sua letra. Não cobrar o que não nasceu dele. Deveria ter pudor de pálpebras que se fecham para imaginar.

É ela e seu corpo redimidos.

É ela e seu corpo abraçados.

É ela e seu corpo alinhados como joelhos.

É ela devolvida a si, devolvida às alegrias proibidas, às alegrias quando se tocava em segredo.

É ela e os medos superados, a culpa liquidada, os seios observando as janelas.

A rua da cintura e a chuva, para não andar, para ficar debaixo das marquises esperando passar.

O homem deveria sentar em uma cadeira ao longe, como se fosse um milagre e lhe faltasse fé para reconstituir os detalhes.

O homem não deveria estragar com a sua presença aquele momento, mas silenciar, esquecer os comentários, jejuar os dentes, reprimir o ímpeto.

Nenhuma brincadeira, nenhuma certeza, nenhuma crença.

É difícil desaparecer, sei que é difícil.

Homem, não lhe resta outra opção!

Desapareça estando ali. Nenhum movimento brusco, não procurar água, a sede, o casaco.

Desapareça aos poucos para que ela, enfim, se veja dançando para Deus.

A EX-CASADA

A ex-casada vai parir a separação. É como se fosse um filho. Primeiro vem a amamentação do fantasma.

Ela terá que colocar algo em lugar do amor. Será a raiva. Odiará o ex-marido como ninguém, assim como o amou um dia.

Mesmo despedaçada, terá consciência aguda do que deverá fazer.

A ex-casada será prática com o fim da relação. Usará toda a subjetividade para enervá-lo, mas será objetiva dentro de sua casa.

Será capaz de fazer ciúme ou de provocar. Nada, além disso.

No primeiro mês não estará pronta para seduzir. Ficará olhando o mundo como se fosse um caderno de classificados. Não desejará comprar ou vender algo, estará interessada em reencontrar a distração dos olhos.

Contará com uma rede de amigas para reclamar do passado e de suas privações.

Será a vítima perfeita.

Sua conta de telefone aumentará.

Ainda que seu vizinho lhe prepare uma festa e convide a bateria de uma escola de samba, ela não se levantará no meio da madrugada por causa do efeito de algum analgésico tomado devido às lembranças que não existiram.

Acordará tarde e se mostrará indisposta para andar de guarda-chuva.

A ex-casada irá chorar depois que colocou a maquiagem. Precisará comprovar as consequências do choro.

Haverá uma sensação de alívio. Alívio tardio. Como se um feriado caísse no domingo e fosse tarde para voltar atrás.

A ex-casada tratará de brincar sentada no chão e contará histórias de noite, mais para si do que para as suas crianças.

Mudará o penteado, comprará roupas, escutará a seleção de músicas da sua adolescência e tirará o pó dos LPs.

Não mudará a lingerie. A ex-casada só trocará a lingerie quando estiver novamente apaixonada. Cuidará da nudez outra hora.

Sua prioridade é manter a aparência forte para evitar perguntas indiscretas.

A ex-casada não substituirá uma ausência por outra. Seu luto será comer chocolate e assistir a filmes românticos.

Toda ex-casada começa a sua retomada pelo banheiro. Comprará tapetes coloridos. De modo nenhum ficará arrependida, pois valorizava o que já tinha durante a relação. Tomará banhos longos para retirar resquícios do perfume antigo.

Mexerá nas fotos do casal e brincará de lareira na pia da cozinha. Algumas imagens poderão sobrar em função do cheiro e da fumaça escandalosos. Ela perceberá, então, que nunca acionou um extintor de incêndio e que não pretende estragar a pintura das paredes.

O problema da ex-casada são as baratas. Ela fechará as portas entre os quartos para não se apavorar. Poderá desaparecer por um mês ao avistar as escamas pré-históricas. Não adiantará matá-las com seus chinelos. Terá nojo deles depois.

Não perceberá a TPM; não há ninguém para pô-la à prova! Tomará com cinismo a cartela de anticoncepcional.

Deixará a samambaia sofrer como ela. Será capaz de comprar cactos por causa das pedrinhas brancas. Entende o estado mineral.

A descoberta da ex-casada será a de que seu marido não servia para muita coisa, afora afugentar as baratas.

Agora já abre os potes de pepino e constata o quanto é fácil girar a tampa com o pano de prato.

Reprisa as gentilezas que ofereceu em troca de um gesto simples e deseja pedir retratação.

A ex-casada se aproximará da mãe. Voltará a ser menina. Voltará a enrolar os cantinhos das fronhas. Dormirá de vez em quando no sofá para se distanciar do quarto. Será mais aplicada no trabalho.

A ex-casada encarnará as obrigações, não usará desculpas pessoais para se livrar da rotina.

Provará que pode se virar sozinha.

Aliás, como sempre.

CEDER

Ceder deveria ser riscado do glossário do casamento. Ceder nunca é bom, algo como perder com honra, não ter conseguido. Lembra o time que cedeu o empate no final. Qualquer torcedor concordaria comigo que é frustração. Estar perto da vitória aumenta a derrota.

Ceder assemelha à renúncia, à mutilação. Não é generosidade, deixou-se de cumprir por falta de liberdade ou concordância. É um otimismo pessimista, quando acontece algo ruim e a pessoa se conforma, aliviada, de que poderia ser pior.

Quem cede no casamento se separa.

Ceder se transforma depois em cobrança, em ofensa, em mau humor.

Quem cede uma vez exigirá que o par ceda em seguida.

Ceder é vicioso, uma vingança planejada. Entra-se no jogo intelectual da retórica, em que ambos têm razão e pouca alegria.

Ceder é esforço, não é inspiração.

Cede-se para calar, não para ouvir.

Ceder é caridade, sacrifício. Ofende-se a crença com o abandono: engolir a seco a fé, cuspir a fé como gripe.

Ceder não oferece compreensão, mas evidencia uma guerra silenciosa, autoritária, de persuasão e posse.

Ceder é uma carência resignada. Nega-se a vontade.

Na relação, parece que é consenso alguém abdicar de sua felicidade em nome da felicidade do outro. É como se a casa não permitisse duas felicidades. Tem que ser uma de cada vez.

Por quê? Elas não podem se completar? Não podem coexistir?

Fazer a vontade de quem se ama não é uma prova de amor. Em primeiro lugar, amor não depende de provas. Amor não é castigo, a ponto de exigir a anulação de identidades. Que a oposição permaneça dentro.

Ceder é o primeiro sinal do cinismo na convivência. Cinismo consiste em falar o contrário do que se diz, omitir o pensamento. Não conheço verdade que não tenha nascido de alguma discordância.

Ceder é alienação, não esperar mais nenhuma reação de entendimento. Privar-se da possibilidade de ser acompanhado. Mentir que não tem importância. Encerrar a conversa para não se incomodar. Resume o egoísmo das duas partes em apagar as diferenças.

Não merecer a atenção no casamento é a mais grave humilhação.

BRINCAR DIFERENTE

Vicente, meu filhote de três anos, pediu para que consertasse a moto em miniatura dele.

Parei de escrever para atendê-lo.

Tinha quebrado um pino e não havia jeito de colocá-lo no lugar.

Repara no meu esforço em vão, nas minhas várias tentativas; se compadece com a minha inabilidade e me consola: "Pai, deixa assim que eu brinco com a moto de outra forma."

Foi uma iluminação.

Não me falou para comprar uma nova. Não me avisou que botaria no lixo. Afirmou com naturalidade: "Brinco de outra forma."

No amor, quantas vezes a gente se fixa no erro e não desenvolve distintas maneiras de enxergá-lo?

A imperfeição se torna uma obsessão.

Se alguma coisa saiu do plano, parte-se do princípio de que não mais dará certo.

Se o namorado ou namorada, se o marido ou a mulher quebrou a confiança, conclui-se que nunca mais haverá a mesma fidelidade e lealdade.

Há uma rapidez tremenda em se desfazer daquilo que nos incomoda e nos enfrenta.

Há uma predisposição em desmoralizar os sentimentos, como os brinquedos que perderam seu contorno original, e em descartá-los.

Não se aceita memória danificada, casamento com altos e baixos, namoro com tropeços.

Deseja-se um roteiro superficial e perfeito, desprovido de personalidades.

A inclinação é colocar fora, virar de costas e seguir adiante, esquecendo-se de que o passado está à frente, pronto para se repetir.

Surge um problema no relacionamento, e todo dia o problema tem que ser discutido; como se discutir fosse consertar o problema. Com a repetição, no mínimo a desvalia será agravada.

Uma ferida não se cura olhando a cada minuto para ela. O que um problema mais quer é atenção exclusiva, para abafar as virtudes.

Numa briga, todo mundo fala mal um do outro além do que se acredita. Não contando com um repertório de ofensas para tanto tempo de raiva, inventam-se desaforos no calor do bafo, agride-se mesmo não confiando na veracidade da bile.

A necessidade de convencer, de mostrar-se certo, é maior do que a verdade, do que os ouvidos, do que o entendimento.

Muitos só querem ter razão em vez de ter desejo.

Muitos demonstram interesse, o que não é paixão.

O que o par ambiciona é um pedido de desculpa.

Mas de que adianta um pedir desculpa para uma agressão que é dos dois? Não é agradável confundir a casa com a sacristia de uma igreja.

Errar é comum e faz bem.

Culpar anula a chance de aprender com o erro.

O amor começa por palavras de menos, termina por palavras a mais.

Não se volta pelo caminho que se chegou. Qualquer volta é um novo caminho na boca.

A dispersão ajuda o humor. De vez em quando, cabe não levar a sério a discordância.

Não foi o amor que estragou; é a imaginação que não vem se esforçando.

Sempre existirá um jeito de brincar de outro modo, de brincar diferente.

COBRANÇAS

Pedir um abraço, cobrar um beijo e exigir carinho não combinam com o amor. A cobrança aniquila com a possibilidade de oferecer e de receber o afeto. Como beijar depois de escutar "não me dá mais beijo"? Como transar depois de ouvir "não transa mais comigo"?

O que é voluntário vai parecer obrigatório, o que é escolha vai parecer induzido, o que é vontade vai parecer condicionamento.

Por que transformar a convivência em coleta de impostos?

Será que não se está levando o trabalho para casa, a empresa para casa, o cartão de ponto para dentro da carne?

Qual é o prazer de pressionar, de impor resultados e regras, de controlar o que é para ser incontrolável?

Por que difamar a única verdade que se tem?

É fácil perguntar; difícil é ouvir a resposta, sem se mexer, até o final. É fácil atacar para aumentar a culpa; difícil é compreender sem defesas.

Cobrar afeto é pior do que agredir fisicamente. Incha mais do que um tapa na cara. É cortar as palavras mais do que os lábios. Assume-se a condição de credor, como se o amor fosse uma dívida.

Assume-se uma posição superior em relação ao cobrado. Uma posição hierárquica, de chefe reivindicando o cumprimento dos prazos.

Não se cobra o que é espontâneo. Entra-se no solo movediço e insano do recalque. Este é uma carência que não conversa mais. É uma carência arrogante, cleptomaníaca, que furta do amor para gastar com a solidão.

Não estou me referindo ao ciúme. A cobrança por afeto não decorre do ciúme, da insegurança, mas se origina no excesso de segurança que beira o autoritarismo. Representa a posse, a mania totalitária de não permitir as imperfeições e desejos contrários.

Ah, se a pessoa que amamos não está a fim de um beijo, ela não me ama mais! Que exagero infantil. Toda hora se deseja ouvir "eu te amo", como se o amor fosse chiclete para ocupar a boca.

Talvez seja mais linguagem de sinais. Depende de reciprocidade, de atmosfera, do outro estar com a cabeça leve e descomplicada para fluir. Não depende só da gente. Nem sempre se está disposto a viver em voz alta. Há períodos destinados a sussurros e cochichos.

Não se pode amar por caridade ou por orgulho, senão cobraremos. Assim como é necessário diferenciar a expectativa do amor, a euforia da alegria, a depressão da dor, pois são sentimentos bem diferentes.

Deve-se tomar cuidado para que não seja criado dentro alguém que não existe fora. Ou criar fora alguém que não existe dentro.

O amor não é versão de Windows que precisa ser atualizada a cada ano para girar mais rápido.

O amor é lento mesmo.

O CHEIRO

Nossas crianças crescem, têm filhos, casam-se, separam-se, esquecem-nos, largam-nos, voltam, retomam, desabafam, desabam, odeiam-nos, amam-nos.

E o que fica? O cheiro delas. O cheiro de sua respiração enquanto dormiam no berço. O cheiro de seus cabelos suados quando acalmávamos a sua febre. O cheiro do pescoço no abraço repentino. O cheiro de seus joelhos esfolados, das folhas de figueira.

Quando telefono para a minha filha, converso com um cheiro impossível de apagar, de retirar debaixo da carne. Uma confissão que amei mais do que poderia viver.

Paternidade é um cheiro. Maternidade é um cheiro. O cheiro não faz idade. É um mar que se mergulha mesmo distanciado a dez quadras. É mais do que uma palavra que não foi dita; é o cinto das palavras.

O cheiro é mais do que um verbo e sua conjugação errada; é um nome. Um desenho sem chão porque a árvore se contenta em subir para o sol.

AMALDIÇOADO
DE TERNURA

Ela me disse não, mas eu entendi sim. Ela me disse sim, mas eu entendi não.
Não demoro em voltar.
Não demoro em sair.
Não demoro.
Se tenho algum segredo, faz de conta que é ela.
Todo começo é uma desistência.
Queria me abençoar lambendo as patas como um animal.
Se eu tivesse sido feito para calar, não gemia.
Não posso ficar olhando demais para ela, senão ela me exclama.
Não posso ficar olhando de menos para ela, senão ela me interroga.
Palavra é coisa de pegar com a boca.
Não me poupo nenhum sofrimento, muito menos a alegria do sofrimento.

Engolir a dor dá soluço. Se só bebesse água potável, não beberia a minha vida.

Não peço desculpas para não perder os meus erros, mas para tê-los sempre como filhos perto de mim.

As dificuldades me prendem mais do que os hábitos.

O cacto é amaldiçoado de ternura. Seus espinhos são caules.

Quero acreditar que me abandonei por convicção.

Sou do outro mundo para me espiar em segredo.

A loucura é quando não basta a liberdade para ser livre.

Meus olhos ficam gratos quando o fogo acena e penso que é comigo.

Por piedade, não me deixe viver o que posso, que me seja permitido desaprender os limites.

ENTRE A DESCULPA
E O PERDÃO

Eu já pedi tantas desculpas! Na infância, os pais, a professora e os irmãos forçavam desculpas a toda hora.
Não compreendia como uma palavra me liberava a dizer palavrão depois.

Uma palavra me salvava de crespar no castigo.

Uma palavra, e estava limpo novamente, de banho tomado na linguagem.

Não era fácil dizê-la; era algo como esmolar. Nunca o foi, pois o rosto de quem a espera lembra o último camafeu em uma bandeja.

Eu a falava para dentro, com beiço, esperando o anúncio de um abraço ou beijo para aliviar a carga dramática.

Se as desculpas são difíceis, pedir perdão é um tormento.

Como diferenciar o perdão da desculpa, qual é o momento adequado para um e outro?

Com perdão, os olhos devem estar fechados e a boca atenta como um ouvido.

No perdão, percebo que viver não nos dá tudo; muitas vezes nos tira. Que uma voz não é sorte, que não é para ser temida; que até Deus fica nervoso durante a missa; que a morte é apenas o desequilíbrio entre o medo e o desejo; que até a humildade tem pressa.

No perdão, a lealdade não precisa perguntar, e a luz que me deixa ver é também paisagem.

No perdão, percebo que, se a mulher que amo e com quem vivo não existisse, ainda a amaria igual; amaria a sua ausência com ritual e zelo em cada objeto da casa.

Que uma ave não canta a mesma música, sua memória é a árvore. A ave é a mão musicada da árvore.

Perdoar é se dar conta de que o amor protege mais do que evita, que nem o mar encontrou a sua transparência, e o vento não chega porque se esqueceu em seu corpo.

Perdoar é escoar; desculpa é recuo. Como mexer o açúcar com os dedos é diferente de mexer o sal.

Perdoar é reparar que não olho tanto minha mulher, para assim imaginá-la e não envelhecê-la.

Que o meu melhor tempo é o tempo alheio.

Que o ritmo de meus passos obedece ao espaço exíguo de meu quarto.

Que há lembranças que somente podem ser dançadas, nunca repetidas.

Desculpa acontece quando queremos nos libertar do outro, nos redimir.

Perdão não se importa com a projeção, é libertação de si próprio.

MULHERES

I. Ela não queria anotar a reunião na agenda. Torcia para que não chegasse nenhum convite, que nada a obrigasse a tomar notas, sinalizar alertas e avisos. Ao final do ano, recolhia a agenda vazia, intacta, quase sem marcas, e sorria orgulhosa de não ter feito nada. Sentava à sua mesa na varanda, chiava lentamente a xícara de café, abria o ano passado e escrevia seus poemas como lembranças que se atrasaram.

II. Ela nascera viúva, me havia dito. Desejava casar para ficar solteira. Desejava se separar para ficar casada. Desejava enviuvar de novo para nascer. Nunca encontrara homem que lutasse por ela. Amou por descuido o seu próprio desejo.

III. Ela não se preocupava com as trancas da porta, não se levantava para verificar se estava segura. Dava-se bem com o escuro, em ser vulgar em segredo. Xingava a si mesma com facilidade. Ofendia-se, sabia que depois de usar tranças tudo seria tarde. Tinha seu retrato como confidente. Reparando a ausência de frestas, a casa vedada, abriu uma torneira como uma janela. Despertou sem amanhecer.

IV. Ela tem repulsa por livrarias largas, amplas, espaçosas. Acredita que o livro passa vexame exposto como cachorro e gato dentro de gaiolas. Ela não entra em nenhuma livraria que não seja pequena como um quarto de fundos. Quer um bidê, um abajur e uma cama para ler. Pede só que o colchão seja de penas e que o livro seja de plumas, com o peso exatamente igual ao da mão de seu amante.

V. Ela não entra em bibliotecas. Acredita que o livro foi dissecado, aberto por um legista, com a ficha catalográfica atrás, denunciando os cortes depois da morte. Deseja cortes vivos, com sangue, para alertar o tamanho da ferida, e depois saliva para cicatrizar. Ela não entra em bibliotecas, fica irritada ao procurar os livros pelos códigos. Chama a obra pelo nome de solteira. Não aprecia encadernações conservadas, mas as prefere amassadas, manchadas, denunciadas por beijos e língua. Ela não usa toalha em sua mesa, põe um livro como se fosse prato e come seu pão integral esfarelando o verbo. Suas páginas prediletas estão marcadas com farelos.

VI. Ela não tomava banho de sol, mas banho de escuro. Pele branca, como uma praia ainda desabitada. Não fingia prazer, se arremessava para onde não havia voz no corpo. Os cabelos escorregavam até os mamilos. Encostava os lábios em sua pele para recordar onde já estivera. Pressionava as coxas para aumentar o segredo. Fechava os olhos para acariciar os seios de um jeito que somente ela conhecia e dava conta. A mão era uma chave sem cópia para oferecer ao amante. Ela costumava rir de seus pensamentos tolos. Mas não trocava a tolice por nenhuma seriedade. Gostava apenas do primeiro copo de chope da noite ou do último cálice de vinho da noite. Dizia que, em ambos, não sofreria ressaca. Seus olhos tinham aquela espuma que fica nas roupas depois da luz.

PORTA GIRATÓRIA, BOLACHA RECHEADA E EXPLICAÇÕES PELA METADE

Há tanta coisa que amei sem entender. Acho que amo para não explicar. Amo para deixar de me explicar. Amo para me contradizer em explicações.

Eu me sinto difícil, um texto difícil; eu me sinto burro quando me leio. Cada vez mais burro. É a voracidade da minha letra.

Eu sou embaralhado de desejos; os desejos são dúvidas que o corpo responde e não explica. Responder não significa explicar. Explicar mesmo é quando dedicamos uma vida por uma pergunta.

Mas quem faria isso? Já é penoso dedicar uma vida inteira para ter uma resposta.

Se você não entender o que quero dizer, estaremos quites.

Eu sou mais o desaforo do que o elogio.

Somos todos vulgares, mas alguns são vulgares na hora certa, e outros, a toda hora.

Uma mulher vulgar no quarto é muito educada para a memória.

Um homem vulgar fora do quarto é muito educado para o esquecimento.

Vulgaridade é como religião; quem reza sem parar não sabe nem mais para o que está rezando. Rezar exige esquecer de rezar. Rezo no automático e de vez em quando já estou pensando em amoras, em doces, em minha mulher dobrando o lenço, em pornografia. Sei lá, já estou orando para outra coisa que não a minha promessa. Eu rezo para lembranças emprestadas, alheias. Não se fica no mesmo lugar do pensamento nem para escovar os dentes. O pensamento migra.

Um dos meus pânicos é chamar o garçom e ele não me enxergar. Levantar o dedo impulsivamente e ficar com o braço ao alto, sem contrapartida. Um braço erguido me faz ser insignificante como um náufrago. O garçom olha para todos os lados, menos para mim. Ameaça virar o pescoço, e o rosto não o acompanha. Sou uma parede falsa. Depois que se levanta o dedo, não adianta coçar o ouvido. Coçar o ouvido é mais feio do que não ser reparado pelo garçom. O garçom deveria ter sido aluno da minha professora no ensino fundamental. Alçava-se o dedo e ela chamava rapidamente o meu nome.

O nome faz a maior diferença quando não se entende o que se quer dizer. Há pessoas que somente escutam uma conversa quando seu nome é citado. Mas meu interesse não pode ser reduzido ao meu nome.

Quanto mais se explica, mais se confunde. Como esclarecer o relacionamento no fim de noite. Acertamos a primeira provocação e depois erramos as seguintes, tentamos corrigir e nos atrapalhamos com as palavras. Confessamos o que não foi pensado; e de vítima a agressor é um passo.

Quantos casamentos ruíram pelo mau uso dos sinônimos, apesar das melhores intenções do casal? Arrancar um pedido de desculpa custa caro. E a discussão do relacionamento não termina porque não se tem mais como escapar dela de forma digna, restando o choro ou o cinismo.

Acho que amo para não explicar. Amo para deixar de me explicar.

Amar é como uma porta giratória para uma criança. Ao empurrar a porta, a criança retoma o seu local de partida; não entrará no novo ambiente. Porque não há lógica em dar uma meia-volta. Ninguém quer uma paixão pela metade, uma passagem pela metade, uma amizade pela metade.

Porta giratória é um crime. Assim como todo amor. Ele me sugere que vou sair para fora de mim; porém, no fundo, fico mais preso em mim. Na verdade, giro para regressar ao lugar de que saí.

É complicado? Pense então nas bolachas com recheio.

Eu abria com cuidado cada uma delas, separava-as em dois blocos e raspava com os dentes o chocolate ou o morango. Havia tanta concentração para não quebrá-las antes de finalizar o ritual! Não admitia parar no meio. Virava um sonâmbulo da boca.

Sempre me falaram que não é aconselhável acordar um sonâmbulo. O sonho sabe melhor o caminho de volta do que o próprio sonhador.

DE BANHO TOMADO

A primeira vez que a diretora da escola chamou a mãe para conversar, em razão de minhas atitudes estranhas, foi por motivos de amor. E no jardim de infância, aos seis anos.

Comecei rápido. Havia furtado as joias da mãe, embrulhadas em cartolina amarela, e dado para a colega Ana Maria. No verso, fiz um desenho de caverna, com um casal subindo em árvores.

Aproximei-me da menina, ofereci o presente e a pedi em casamento.

Não me lembro se ela aceitou, mas recebi um beijo, que estalou onde hoje tenho barba.

Ana Maria chegou em casa com uma série de colares, como quem encontra tesouros em alguma tumba do Antigo Egito.

A múmia era eu.

É evidente que seus pais ficaram assustados e pediram para falar com a direção. Devolveram os objetos, e a mãe foi alertada da minha precoce passionalidade.

Fui vigiado e não consegui mais me aproximar de Ana Maria, que, em seguida, trocou de escola. Nem nos acenamos na despedida. Ela não virou seu pescoço para me localizar no alto da janela.

Desde o princípio, pulsa a obrigação de demonstrar o que sinto. Obrigação. Como se me fizesse mal deixar os pensamentos guardados. Estraga-me, corrói-me, a incerteza me aboia.

Remorso não se guarda em bolso, não se pede troco.

Não sofro de preguiça para brigar comigo.

O sossego simples depende de dizer o que ainda não pensei.

Pensar duas vezes é sofrimento. Até porque o pensamento odeia se repetir.

Meu desejo sempre muda algum trecho do pensamento na hora de copiá-lo. O desejo copia errado.

Pode parecer bobo, é ridículo mesmo, mas não queria ser astronauta, aviador, médico, advogado, contador. Queria apenas amar alguém e dar presentes. Minha alegria não dependia de teste vocacional, de exame psicológico, das perguntas sobre cores e desenhos.

Soube bem: queria amar, assim como quem lava os cabelos de uma mulher. A mulher deitada na banheira e minhas mãos encaracolando espuma, friccionando a pele com a ponta dos dedos. Desamarrar um por um dos cílios. A cabeça dela para trás, os olhos fechados à espera, o poço de plumas.

Pode tentar, é como cumprimentar a relva logo cedo.

Antes de morar com uma mulher, deve-se lavar seus cabelos. Levar a dor de cabeça dela para longe.

O beijo não escorrerá dos lábios.

Subir suas costas com as costas dos braços.

Apanhar os cachos de uvas pelos ramos e repousá-los na cesta.

Apertar levemente a esponja das sobrancelhas para completar o rosto.

Não exagerar a chuva com os relâmpagos. Não exagerar a chuva com o vento. Enquanto se vai, a luz virá baixa do outro lado.

Não se descuidar sequer um momento.

Depois, levantar as mechas com a devoção de ervas curativas, ervas medicinais. Correr com a ligeireza da água pelos ombros.

Para amar, basta seguir a água. Não se precisa de mais nada. Basta imitar a água.

POR FAVOR

Quero conhecer você menos, mexer menos em seus objetos, em suas gavetas, em suas roupas.
Que seja dispensado das cartas, do que leva na bolsa, de seus filmes prediletos, de seus diários, de seus pentes, de suas joias em estojo de diploma, de seu escapulário da primeira comunhão, de seus blusões em fila dupla, de seus varais com as roupas ao avesso, de suas superstições de consultar as portas de noite, de sua fobia em atender telefone, de sua ânsia em me contar as novidades, de sua loucura em me aguentar, de sua sabedoria em me acalmar, de sua facilidade em dividir suas roupas com as amigas, de sua coleção de brincos quebrados, dos álbuns de fotografias em ordem cronológica, dos clipes emendados uns nos outros no computador, dos bilhetes amarelos na geladeira, de sua compulsão a comprar presentes, de sua mania de consultar o horóscopo, dos seus quindins, de sua mania em dormir enroscada, de salgar a comida um pouco mais do que deveria.

Não me mande mais nada.

Não me dê lembranças, músicas, poemas, sapatos, isqueiros; não quero juntar esmolas de suas coisas; não quero fazer um santuário de suas coisas; não quero encaixotar suas coisas; não quero peregrinar as mãos em suas coisas como se fosse sua mão esperando na mesa.

Minha mão ossuda depende de sua pele para respirar folgas.

Você tira proveito da consciência que vou formando de você enquanto me desinformo do mundo.

Não desejo descobrir o que você tocou, senão amarei muito mais do que se tivesse tocado.

Não me fale "gosto daquilo", que já estarei gostando junto. Evite comentários.

Não me diga "vamos naquele restaurante", que será mais um lugar para esperar você.

Não invente deitar na grama no domingo, que será mais um jardim a zelar.

Não ponha trilha no celular; não troque as almofadas; não escolha as toalhas e os lençóis; controle essa mania de se espalhar por tudo, de botar seu cheiro por dentro da minha boca.

Não deixe a gaveta entreaberta, a torneira entreaberta, meu corpo entreaberto.

Não reclame do que não fiz, que farei de novo para chamar a sua atenção.

Não arrume a minha gravata, que me acostumarei a pedir conselhos.

Não arrume a minha gola, que o vento é mesmo enviesado.

Quero conhecer você menos para não sofrer depois tanto a sua perda.

Mas deveria ter dito isso antes.

UM DIA A MENOS

Nem todas as pessoas têm 365 dias ao ano. Algumas têm 364. Quem perdeu alguém ao longo do caminho em uma morte prematura sacrifica uma data para sempre.

O filho de uma amiga morreu em 13 de julho. Faz cinco anos, e é como se tivesse sido ontem. É um antianiversário. A ferida não consulta o calendário, a ferida é o calendário.

O 13 de julho não existe mais para ela. Ou existe em demasia. E não consegue, por mais que tente, esconder o luto, fingir compromissos, abafar a tristeza.

Entre a manhã e a noite, o pavor de receber a notícia se repete.

A impotência. A injustiça.

Qualquer passante se parecerá com o médico que baixou definitivamente a cabeça. O azul do céu se revelará o avental do pronto-socorro.

Mordem-se os lábios para não morder a língua.

Uma mãe grava o dia da morte do filho com a nitidez de uma unha encravada. Um filho encravado não se cura. Nem botando o próprio corpo fora.

Filho falecido é uma dor de inverno.

Mexer nos casacos do armário e encontrar bilhetes e papéis no forro. As golas com o cheiro do pescoço.

As golas com os pelos louros do pescoço, somente reconhecíveis pela respiração.

As roupas não deixam nunca ninguém morrer integralmente.

Um rastro, uma mecha de vento, uma loção permanecem. Cheira-se a lã e reinventa-se a memória.

Depois de cuidar de toda a vida do filho, uma mãe não se contenta: cuida toda a sua vida da morte do filho. Adota a morte como uma criança no orfanato. Não que a morte seja seu filho, ela é o que mais se assemelha ao seu filho naquela hora. Depois de ver a vida do filho se ir, não pode deixar a morte do filho morrer.

Mesmo ele não estando ali, uma vez ao ano ela dá de comer à sua ausência, conversa baixinho, na cartilagem da ausência, com os garfos dos cílios.

Um filho não é assunto de Deus, é assunto privado da carne.

A chaleira dos ouvidos passa da hora e não se encontra forma de findar o zumbido.

Não ter contado com a chance de acenar e abençoar, de dizer boa sorte, volte logo, tchau e até breve consome a boca.

A morte deveria ser educada e permitir despedidas. Entretanto, é grosseira, não admite ser menos importante do que o amor.

Se o sofrimento traz pontadas no resto dos dias, neste dia ele é avassalador.

Perder um filho é não perder ainda a esperança do filho. O gosto do filho. A alegria do filho. O suspiro do filho. Tudo é observado com o zelo de uma reza.

Reconhece-se na sola o quanto se caminhou.

Os ouvidos são círios boiando na água. Flutuam em vozes conhecidas para manter a calma.

Minha amiga diz que não pode me abraçar nesse dia com a sua fisionomia triste.

Diante da perda, há o costume de se isolar, de não querer incomodar os outros com a sua dor.

A dor não incomoda. O que incomoda é quem não sente a dor.

Peço a ela a chance de abraçá-la.

Não para abafar o fogo, mas para deixar que se alastre.

Não para confortar, mas para não apagar essa dependência, essa fidelidade ao nascimento.

AMOR VIRTUAL

A credito em amor virtual. Não adianta se valer do ceticismo da carne e dizer que a distância engana, que as pessoas não se conhecem, que pode haver desfeita e desilusão.

Acredito em amor virtual. Pois nada é mais expansivo e verdadeiro do que se conhecer pela linguagem. Nada é mais íntimo e pessoal do que se doar pela linguagem.

Não serei convencido da frieza do relacionamento na web, da articulação de fachadas e pseudônimos, da ironia e dos subterfúgios denunciados nos chats.

O que acontece na internet reproduz a vida com seus defeitos e virtudes, não se pode exagerar na desconfiança.

O amor virtual é tão real quanto o sangue. Não preciso enxergar o sangue para verificar se ele corre.

O amor virtual trabalha com a expectativa e a ansiedade. Como um teatro que se faz de improviso, com a ardência de ser aceito aos poucos, sem o temor e os avisos em falso do rosto.

Na correspondência, há a esperança de ser amado e de entreter as dores. A esperança aceita tudo, transforma todo troco em investimento.

Um gesto de redobrada atenção, uma resposta alentada, uma frase diferente, a cordialidade do eco, e o amor se instala.

Não há o julgamento pelas aparências (que se assemelha a uma execução sumária), mas o julgamento em função do que se imagina ser, do que se deseja, do que se acredita.

São raros os momentos em que se pode fechar os olhos para adivinhar.

Adivinhar é delicioso — é se dedicar com intensidade às impressões mais do que aos fatos.

Alguns dirão que é alienação permanecer horas e horas teclando ou diante de uma câmera e do computador. Mas é envolvimento, amizade, compromisso. É pressentir o cheiro, formigar os ouvidos, seduzir devagar.

Não conheço paixão que não ofereça mais do que foi pedido.

Quem reclamava da ausência de preliminares deve comemorar o amor virtual. Nunca se teve tanta preliminar nas relações, rodeios, educação.

Fica-se excitado por falar. Devolve-se à fala o seu poder encantatório de persuadir.

Afora o espaço democrático: um conversa e o outro responde. Findou o temporal de um perguntar para outro fingir que está ouvindo.

No amor virtual, a linguagem é o corpo.

Dar a linguagem é entregar o que se tem de mais valioso. É esquecer as roupas na corda para escutar a chuva. É recordar memórias imprevistas como do tempo em que se ajudava a mãe a contornar com o garfo a massa do *capeletti*.

Conversa-se da infância, dos fundos do pátio, do que ainda não se tinha noção, sem ficar ridículo ou catártico.

Abre-se a guarda para olhares demorados nos próprios hábitos.

A autocrítica se converte em humor; a compreensão, em cumplicidade.

É uma distração para concentrar. Uma distração para dentro. Vive-se com mais clareza para contar e se narrar.

Amor virtual é conhecer primeiro a letra para depois conhecer a voz.

A letra é o quarto da voz.

PRIMEIRO DIA

Se eu tenho uma dor, eu não a abandono, não fujo dela. Quero alfabetizá-la, senão ela corrói as outras lembranças, adona-se do que não é dela, apossa-se das alegrias que a antecederam e das alegrias que estavam por chegar.

Mas há dores analfabetas, arrivistas, que nos mostram o quanto a própria palavra pode ser fútil e desnecessária, o quanto os planos podem nos contrariar, o quanto somos inexplicavelmente insignificantes.

Foram poucas as vezes em minha vida em que renunciei à fala. Talvez em um aniversário em que ninguém se lembrou de mim. Talvez quando perdi a minha avó e tive um sonho anterior em que ela me entregava uma carta. Mas eu ainda optava por nada dizer. Tinha condições de terminar o jejum a qualquer momento.

O pior é quando não se consegue falar, mesmo tentando; não se fala por necessidade; ouso abrir a boca e não sai a corda da cisterna, o balde da chuva, o rumor da porta. Todo o corpo está congestionado, trancado em tremores e estalos. Nada.

Leandro morreu.

Um amigo que cursava o Mestrado em Letras Inglesas na Universidade Federal de Santa Catarina.

Sua mulher é uma de minhas grandes amigas: Adriana.

Ele teve uma parada cardíaca enquanto dirigia.

Trinta e dois anos, a minha idade na ocasião. Escrevo por extenso para a idade parecer mais longa: trinta e dois anos.

Adri largou tudo para acompanhá-lo no último mês em Florianópolis, arrumou emprego por lá, transferiu-se para ficar perto dele.

Não sei se acredito em profecia, porém ela teve. Acompanhava Leandro na hora do acidente.

Não sei quais foram as últimas palavras dele; as últimas palavras não importam; eu pensava que importavam, até hoje; porém, não importam; sinceramente, o que vale é o que não foi dito e que a Adriana compreendeu.

Adriana, no meio da loucura do luto, chegou a dizer com uma serenidade que só o amor prepara:

"Ele morreu feliz; o mês que passamos juntos foi um dos mais felizes, não morreu sozinho."

Ela me abraçou com tanta dor que volto a chorar ao afrouxar o abraço.

Não havia osso em meu rosto.

Não havia algo que pudesse depois suavizar na forma de cipreste ou figueira.

Havia um fogo rude querendo apenas deixar sua cinza, carvão, pedra de vento, asa calada de pedra.

O pássaro não é somente a sua asa.

Uma comoção sem fôlego para responder, sem parentes nas árvores.

Corpos prensados bem antes do nascimento da água.

Casulo trincado em brasas.

O que ela me abraçou ficou ali. Ela abraçou a sua dor; eu não existia. Ela atravessou a sua dor; eu não a percorri.

Ela deve ter recolhido os sapatos dele na estrada, reunido as roupas, para não deixar nada fora de sua morte.

O pulmão dela deve ter trocado de turno com o coração.

Quando entrou na sala do velório, com aquelas lâmpadas e coroas de flores, aquele lustre que não correspondia ao despojamento do resto, ela gritou sem adjetivos.

Um grito agudo, intransponível.

Fiquei de fora naquele momento. Entrei no grito dela. E comecei a pensar, sem querer pensar, o que eu faria em seu lugar.

E não consegui. Não interrompi as calhas, não espremi as frutas.

Fracassei em chegar onde o homem não há.

Não consegui acompanhar você, Adriana, desculpe-me, eu não consegui chegar em sua dor, ao menos para alfabetizá-la. É como se a poesia fosse lenta demais. E não entendi Deus ou o seu sentido de dar o que nem queremos, de tirar o que nem sabíamos que tínhamos.

O grito dela virou um ouvido. Um ouvido.

E o pai do Leandro e a mãe do Leandro, à beira do leito, não reconheceram o filho, que sempre andava de bonés, de bermudas folgadas, com um figurino praiano, solto, jovem. E velaram o corpo do filho, os lábios secos e pálidos, a falta maior do que a falta, como se fosse o corpo do melhor amigo do filho.

O Leandro no caixão não era o Leandro, tão pequeno, encolhido, sem o peso de suas braçadas pelo ar, sem a arrogância do sopro, sem a generosidade do sopro.

A morte nos devolve a estranheza.

Eu desejei embalá-lo no colo para acordá-lo do medo.

Vou coletando suas frases, com receio de alterá-las, marisco guardando o mar com a apreensão de quem segura as antenas de um inseto.

Deixo uma cama desocupada em mim, um armário desocupado em mim, um riso que não vai conseguir ultrapassar a outra metade que a dor ocupou.

É o meu primeiro dia sem o Leandro.

O primeiro dia do mundo sem o Leandro.

A BELEZA DORMINDO

Tenho insônia, resistência, força de vontade, consigo me controlar e abdicar de uma torta de nozes, de uma mousse de chocolate, de um quindim. Claro que com muito esforço e concentração.

Mas é impossível resistir à minha mulher dormindo. Pode testar com a sua. Tente assistir a um filme na cama. Ela pedirá de propósito para baixar o volume da tevê. Você aceitará o apelo para aumentá-lo depois, quando não estiver controlando a imagem.

Ela deitará de lado, como uma árvore aprendendo a assobiar. Sussurrará baixinho. Não é ronco. É respiração densa, uma sinfonia do seu batimento. Um vento com estilo. Uma brisa depois da porta. Uma música sendo composta.

O pescoço aberto para o seu rosto, espaço ideal de concha.

Os cabelos penteados pelos lençóis.

A nuca perfumada do banho.

Os pés dela no fundo das cobertas como um leme alterando a direção dos seus.

Tudo meticulosamente planejado para desistir das legendas.

Um convite inaceitável do escuro.

Teimoso, você avança até a metade da fita, e algo estranho acontece.

O diretor, os atores, o enredo que comentou ao longo da semana tornam-se secundários. Difíceis. Incompreensíveis.

Os três travesseiros já não serão suficientes para mantê-lo sentado.

Há um ciúme do sono dela. Ela ainda ri espaçadamente para aumentar sua curiosidade. Solta palavras desconexas. Resmunga relâmpagos.

Você se aproxima de sua boca para escutar com precisão e calma. Os lábios dela parecem contornados de lápis de cor, tamanha a euforia das linhas.

Perguntará a si mesmo: "O que ela estará sonhando? Será comigo? Será que existo mais nela do que em mim?" Nesse momento, você caiu na cilada da beleza descansando.

Não existirá volta ao filme.

Seus olhos passam a desistir, avermelhados da leitura do corpo feminino. Buscará em vão aumentar as letras dos cílios, porém o som das calhas é invencível.

O som de uma mulher respirando é melhor do que o barulho da chuva.

Se não tem óculos para tirar ficará pior. Não contará com um sinal de abandono de causa. É como capotar com o livro no peito (o livro sempre foi o meu sutiã de noite). Adormecerá automaticamente, tomado de doce anestesia. Perceberá que quem manda é ela: capaz de seduzi-lo, inclusive dormindo.

PAPEL DE PRESENTE

Discordo quando escuto a afirmação, em tom melancólico, de que o casal se separou porque a paixão virou amizade.

Confesso que sinto inveja desse casal.

Ruim é quando a paixão termina em nada. Nem carvão, nem cinzas, coisa alguma. Nenhuma carícia que restaure a confiança. Nenhuma lembrança de ternura.

A amizade é uma paixão recatada, o pudor de não ofender com palavras incertas. Uma paixão abençoada debaixo de quadros meticulosamente escolhidos, pregados com esmero para abaixar os telhados.

É motivo de pena a paixão que não se transforma, que não deixa o quarto para a sala, que permanece um acordo sexual de provocações, que não se dobra sequer um momento para dormir. Uma paixão apenas com o lado bom, servil, sem personalidade. Uma paixão enquanto satisfação da hora.

A amizade é amor; podem discordar, não acreditarei. Sinceramente me emociono ao testemunhar um casal de velhinhos, andando com a plumagem das roupas, devagarinho, cuidadosos para não acelerar o passo, cuidadosos com as dores, cuidadosos com os hábitos, capazes de discordar do mundo para proteger a memória. Quantas angústias, quantas vezes ambos cederam para permanecer juntos, quantas juras fizeram e renovaram no leito, quantas telas de abajur colaram no rosto um do outro, de repente, pela noite, para acalmar o medo? E não se enjoaram nem se enojaram da intimidade.

Não fugiram do compromisso de se entenderem até o fim, do pacto de abrir a janela como quem busca manteiga na geladeira.

É possível enxergá-los em silêncio durante uma manhã inteira, cada qual fazendo as suas coisas.

E que silêncio! Um silêncio de compreensão que não se encontra em nenhuma igreja. Um silêncio de horta, não de túmulo. Um silêncio espesso de cristal, não de vidro.

Eles não praguejam o tempo, sábios e serenos.

Porque o tempo não torna os casais apagados — isto é um engano.

O tempo não mata a relação — isto é um engano.

O tempo não amortece a guarda — isto é um engano.

O tempo enobrece a aparência, dignifica os degraus. Escurece o papel em pedra e aclara a pedra em tesoura.

Um casal de velhinhos é o amor mais ofensivo que posso descobrir na vida. Suas gavetas são forradas de papel de presente.

ESSE GEMIDO

Não costumo sentir ciúme. Mentira. Eu sinto, mas disfarço. Somente sei disfarçar o ciúme quando não o sinto — a verdade é essa.

Mas não imaginava que chegaria a tanto.

De repente, minha mulher começa a gemer ao comer queijo com goiabada. Corta devagarinho, em fatias mínimas, para não extraviar nada do prato.

Um gemido gostoso, intercalado, luzindo os dentes.

Um gemido que me faria gemer para que ele não terminasse.

Um gemido que domina os ouvidos por inteiro, ainda mais mobilizador do que um sussurro.

Um gemido com o pescoço esticado — se é que sou claro —, altivo, intermitente.

Um gemido discreto, de quem não quer entregar o prazer de uma só vez, que abafa o prazer para que ele aumente secretamente.

Um gemido igual ao canto das cigarras, que se avoluma com a noite.

Um gemido que deixará batom no guardanapo, no talher, no dedo.

Um gemido sem herdeiros. Um gemido sem água mineral. Um gemido bebendo a sede.

Assistia ao gemido com inveja. Com raiva. Todos os sentimentos ruins o admiravam. Ainda que tenha dado alegria para ela, nunca provoquei esse gemido. Esse gemido é filho único dela com ela. Não há como participar.

Não é um gemido de irritação, da rotina, da longevidade da tristeza. É um gemido assobiado. Um gemido musicado em flauta. Um gemido de varanda, não de janela. Um gemido que é vento contido.

Ela ficou uns quinze minutos sem falar, sem a necessidade de comentar, de se fazer presente, de chamar a minha atenção, entretida com os movimentos faciais.

Emudeci para não atrapalhar o andamento. Não encontrei um assunto importante para interrompê-la. Era uma reunião de trabalho com a saliva. Sua língua limpava o canto dos lábios com a rapidez da luz. Não sobrava nenhuma réstia do lado de fora do rosto, para que eu entendesse a comoção. Contentamento egoísta, passional. Os cílios faziam escova a cada escuro das pálpebras.

Poderia ficar excitado se não estivesse apavorado. Não conhecia esse gemido. Não o tinha ouvido antes. Surgiu inesperadamente na mesa.

Ela me traiu com uma porção de *Romeu e Julieta*. Depois de comer, apenas disse, satisfeita: "Vamos embora." Como se não houvesse alguma coisa mais importante a descobrir e esperar. Recusou café.

Gemido não se repete, o que explica a gravidade do meu ciúme.

A SOLIDÃO CUSTA CARO

Ela vai sair de noite. Reserva o dia para se arrumar. Faz chapinha por R$30. As unhas, a preço de R$20. Faz depilação com R$60. Compra roupa com R$200. Arranja um par de sapatos a R$100.

Na brincadeira, contando por baixo, gastou bem mais do que um salário mínimo.

A arrumação aumenta a expectativa de conseguir um par, um laço afetivo na festa ou na balada. Aumenta também a exigência — não será qualquer um a desarrumá-la.

As amigas irão juntas para disfarçar a solidão e o desejo.

Durante o convívio, dançará avulsa com a dispersão de um farol. Buscará a si mesma em cada um que circula.

Quando a gente anseia amar, a gente se busca, não busca o outro. É a identificação que gera depois a diferença. As horas correm, o sono chega, a cota de consumação termina.

Apesar da conversa alta, do som predileto, das indiretas, nada surge. Nem bêbada fica.

Produziu-se como nunca, e passa em branco.

Os homens, em sua maioria, não reparam o investimento que uma mulher realiza em nome de uma provável paixão.

Quantas horas e ansiedade para ficar daquela forma? É como se ela tivesse nascido pronta.

Aliás, a mulher tem o dom de tornar natural o seu próprio esforço, de transmitir indiferença quando está ligada aos suaves movimentos do mundo com todos os poros.

Imagine a frustração de quem se preparou inteiramente para aquele momento, viveu a véspera como uma guinada decisiva, e não acontece sequer um encontro digno de ser anotado na agenda. É desesperador.

Pense ainda que a mulher pode estar pagando uma babá para ficar com o filho, que raramente se arrisca a procurar novos relacionamentos, e decidiu ceder à insistência das colegas que a viam muito solitária.

Após a saída, arrepende-se de ter tentado, sua esperança rareia com as dificuldades, pois é tão extenuante transformar um caso em casa. Definir no calor da hora, com parcas palavras, uma atração que renda uma semana.

Hoje, andar de mãos dadas é mais complicado do que descolar um beijo.

Não adianta subestimá-la dizendo que ela está caçando. Está é procurando, o que é bem diferente.

Caçar é matar a fome; ela quer é aumentar a fome, acompanhada.

Não adianta zombar dela dizendo-lhe que é carente. A carência é uma virtude da fidelidade.

Essa mulher entendeu, infelizmente, que a solidão custa caro.

DIA ÚTIL

Com o fim do casamento, o alívio. O separado recupera a sua liberdade. Depois das brigas, dos questionamentos, dos julgamentos, das histerias e suspeitas entre os dois, encontra-se novamente sozinho para fazer o que quiser.

Vem uma alegria de poder sair de noite, de ir ao cinema, de não prestar contas e recibos, de viver de uma forma mais relaxada e solta.

O separado tem um longo fim de semana pela frente. Um delicioso domingo para dormir sozinho e se estirar em linha cruzada pela cama, um delicioso sábado para farrear e beber todas, uma deliciosa sexta para frequentar a geladeira sem se importar em lavar os pratos em seguida.

Tempo de sacudir a poeira da agenda, falar sem parar, tentar entrar no circuito social, apesar dos dez anos que o distanciam da rotina de solteiro.

Quem se separa quer apenas sair do inferno. Qualquer saída, ainda que desesperada, é uma porção de céu.

Os três primeiros dias acontecem de um modo inconsciente e mecânico, em ato reflexo. Nada é pesado, avaliado, e a soltura lembra férias escolares.

Mas, e depois?

Depois o separado entende que a sua história não é mais sua, mas partilhada. E sente saudades fisicamente, uma dor de rim.

E retorna para casa, e espera, e espera ela aparecer de súbito.

E observa o telefone como uma tartaruga a sair da casca. Olha ao redor e não identifica mais seu território.

Não tem ninguém para conversar, para animar e fazer valer acordar cedo para o trabalho.

Um vazio o empareda num canto.

É contar com uma morta íntima ao alcance dos olhos, que encontrará no café, na padaria e na locadora depois de enterrada.

O separado tem o dom mediúnico de enxergar fantasmas. Pena que os fantasmas não o enxerguem.

Volta a procurar os amigos antigos e constata que estão casados.

Os únicos amigos que tem são casais, também amigos da ex-mulher.

Como xingá-la? Como dizer que precisa dela? Como expor o segredo?

Perdeu confidentes e tenta apresentar força e coragem.

Não pode voltar atrás, tenta ser orgulhoso, mas não pode voltar atrás. Na verdade, voltaria correndo, como um vício, uma necessidade, uma dependência.

Sua indecisão amplia ainda mais o isolamento. É deserdado da própria biografia.

Os móveis da residência mostram o convívio, os lençóis ainda guardam o cheiro dela, a televisão insiste em reprisar os programas favoritos dela, as rádios tocam as músicas que dançaram, o cachorro fica cheirando infinitamente o vão da porta e para de comer.

Depois do feriado da separação, bate uma tristeza inconsolável.

Porque o amor é um dia útil.

_ _ _ C _

O relacionamento é um bicho de sete cabeças. Cabe decepar cinco delas e deixar duas pensando. Não permitir que outras cabeças intrusas mandem mais do que a do casal, ainda que seja a mãe, a sogra, a melhor amiga ou amigo.

Aprendi a amar jogando *Forca* na escola. Deduzir as letras que faltam para não deixar morrer a linguagem.

É evidente que complicamos o amor. Pois o amor nos torna confusos, eufóricos, instáveis.

Nada apaga a incerteza do começo.

Quando se fica junto e ainda não se tem convicção do enlace.

Qualquer sinal pode aproximar ou sacrificar o início.

Nenhum dos dois confessa o namoro. Ficam juntos, não conseguem voltar para casa, arrumam pretextos e não se fala o que se queria. Ambos rodeiam com palavras outras para se aproximar da palavra aquela.

Já descobriram a intimidade, a empatia, as afinidades, mas há o medo de apressar.

Mas há também o medo de demorar.

Como é difícil acertar o ritmo de fora com o ritmo de dentro.

O abraço serve para apartar o excesso de palavras, assim como no boxe o abraço serve para conceder trégua aos socos. Quanta violência na vagueza. É dormir de tarde e acordar de noite.

O amor rouba o fuso, o contexto, a simplicidade. É uma mudez carregada de fragilidade. Apaga-se a luz para diminuir o receio de não ser aceito.

O amor aperfeiçoa os defeitos. Os defeitos ficam charmosos, simpáticos, expansivos.

O amor devolve a transfiguração. A realidade não basta.

Percebe-se no lampião sua touca de vidro. E se acha graça do fogo usando touca de banho para não molhar os cabelos.

De repente, se está rindo sozinho do absurdo de ver mais do que deveria, pelo excesso de contigente da imaginação.

O que era impensável parece adequado. Não se enxerga somente o passado de quem se ama, mas o que se oferece de futuro.

Da mesma forma, nada apaga a incerteza do final. Volta-se ao mesmo "não sei o quê", o doloroso balbuciar destinado a encerrar uma história.

Nenhum dos dois pede a conta — o temor de que o estrago seja maior do que o fundo.

Não se toma o partido, a iniciativa. Há o risco de errar feio e se enganar com a previsão.

Calam-se e discutem por qualquer coisa porque não se tem a coragem de se discutir o que interessa. É um estado de nervosismo permanente, de vulnerabilidade extremada.

Vontade de terceirizar a vida e deixar que os outros administrem e tomem as decisões em nosso lugar.

Vontade de largar a casa, os móveis, mudar de identidade e retornar assim que tudo estiver resolvido.

A falência amorosa é como a falência de uma empresa. As centenas de funcionários demitidos são as lembranças. São postos na rua preceitos, frases e ideais antes caros à memória.

A indefinição é que faz o amor permanecer ou ir embora. E não existe modo de diminuí-la.

Talvez a vida seja curta para cumprir as expectativas, talvez seja longa para entretê-las.

Que o amor seja indefinido para durar. Só se fala do que se tem necessidade de compreender.

O EX-CASADO

Ficar solteiro depois de anos de casado é terrível. É como perder a memória e recuperar devagar as lembranças.

Já na hora de dormir, o ex-casado não avançará para o outro lado da cama. A sensação será a de que tem outra pessoa dormindo com ele. Não sairá de seu cantinho, condicionado aos movimentos da mulher que deixou de existir.

Pela sede, identifica-se quem está novamente solteiro. O ex-casado se levantará várias vezes para tomar água e, de alguma forma, acordará do pesadelo.

O ex-casado tem agendas imprestáveis. Ao ligar para velhas amigas, ex-namoradas e esposas que poderiam ter sido, não conseguirá conversar com naturalidade. Exercerá um péssimo serviço de telemarketing. Começará a responder antes de perguntar. Desconhecerá como chegar aos assuntos que lhe interessam, tipo "quer sair comigo?", ou "está livre esta noite?". Também, como explicar a ligação repentina, passados dez anos?

O ex-casado terá uma vaga sensação de que o mundo esperou por ele. Confia na máquina do tempo e no congelamento da espécie. Acredita que suas paixões não casaram, não tiveram filhos, não mudaram de opiniões.

O ex-casado demorará horas e horas ao telefone para descobrir se o antigo caso está comprometido. Poderá desligar sem descobrir.

Não suportará a solidão. Não suportará não ter os horários controlados e excesso de liberdade. De que adianta a liberdade sem alguém para testemunhá-la?

O ex-casado diminuirá a sua conta telefônica. Não haverá mais ligações da sua mulher, preocupada com o seu trajeto.

Ele poderá dormir fora e morrer atropelado; demorará um campeonato inteiro de futebol para alguém notar a sua ausência.

O ex-casado não terá um amor para reconhecer o seu corpo. Colocará música alta para falar sozinho. Ligará a televisão para não se enxergar isolado e diminuído.

O ex-casado terá compaixão súbita pelas plantinhas. Entende o estado vegetal.

Terá que almoçar e jantar sozinho. Sempre sobrará comida, pois estava acostumado a comprar para dois.

Descobrirá o quanto não era responsável pela sua rotina. Agora terá que lavar as roupas e os pratos, passar as camisas, cuidar do lixo, fazer supermercado, borrifar spray contra mosquito no quarto.

Seu impulso será pedir demissão do trabalho para cuidar da casa.

Sem amigos para ir a um bar, dançará a noite inteira com uma garrafa de cerveja. O ex-casado não convencerá nem a cerveja a dormir com ele.

O ex-casado não conferirá as datas de validade dos produtos na geladeira. Estatisticamente terá grandes chances de morrer intoxicado.

Demorará a sair de casa. Não terá a quem perguntar onde está aquela roupa.

O ex-casado se tornará um filme pornô com legendas. O pior sofrimento para ele será ter fantasias eróticas com a ex--mulher. Quando estava com ela, nunca havia cogitado tal possi-bilidade.

O ex-casado será um sofredor nato. Os móveis estarão desfalcados com a partilha. Faltará uma cômoda ou um sofá. Os móveis também se divorciaram e choram marcas nas paredes.

O mais difícil para o ex-casado será perceber que a sua mulher era a única, como ele, que não tropeçava no escuro. Conhecia todos os movimentos da casa, os corredores, os becos, os berros, as gavetas, as gravatas, as cicatrizes.

Agora, com a próxima mulher, tudo precisará ser feito de luz acesa. Sem o mistério e a penumbra da convivência.

SEIS MESES

Júlia e José. Poderia ser Maria e Paulo. Eles se amam, mas não é suficiente.
Amar não é suficiente, amar complica.
Amar exige mais do que dar ou receber.
Amar aumenta a fome do silêncio, o silêncio da fome.
Há um tempo em que se pede tempo, em que duvidamos do que é mais autêntico, não aceitamos a vida com facilidade, que dar certo pode ser muito errado.
Vi muita gente que se deprimiu de felicidade.
Os dois se separaram por amor. Estranho isso.
Talvez tenham sido os setenta degraus para subir a escada da residência. O momento em que contaram os degraus.
Talvez tenha sido o que nunca foi dito, porque um dos dois pensava que não era necessário.
Quando se ama, a gente acredita que não é mais necessário dizer palavras, mas é tão necessário quanto não dizê-las.
Hoje, apartados, ambos se telefonam como cúmplices, pedem conselhos, conversam sobre seus filhos de uma forma

que ninguém entende, exceto eles. Nem as filhas entendem o quanto de alegria significa para eles ter filhas.

Pureza dos dois, que falam a mesma coisa de um jeito diferente e não se perguntam para não coincidirem as respostas. Palavras cruzadas, feitas em dupla, terminam com rapidez e não têm graça.

Os dois querem provar um ao outro quem é mais sensível, e de tanta sensibilidade eles não se permitem sentir.

A treva não é trégua, o descanso não é paz, a ave não é vidro, o vitral é tão bonito porque já nasce em pedaços.

Júlia, que poderia ser Maria, quando tem insônia dorme com as filhas.

"Dormir com as filhotas cura insônia", me diz.

O abajur da respiração vai espantando o escuro do medo mais do que o medo do escuro.

Júlia é afeiçoada aos detalhes e se antecipa antes de sofrer mais.

José, que poderia ser Paulo, sofre adiantado para não se antecipar.

Ele foi criado em um universo feminino (mãe e avó), derramado entre as palavras de mulher e as mulheres de palavra.

Deixa o mundo correr para depois arrumar a sala.

Júlia não espera o tempo de arrumar a casa; arruma-a enquanto o mundo corre.

Júlia não quer esperar, José espera para querer.

Eles se amam e acreditam que nada poderá separá-los, a não ser eles e seu excesso de amor.

Eles se amam a ponto de desfrutarem do direito de criar distância.

É estranho isso. O cansaço não usa disfarces; o ciúme não escuta desculpas; prevenir não é se defender; enlouquecer é atrasar o desencontro; regressar é não ter saído.

Júlia nunca será ex-mulher de José.

José nunca será ex-marido de Júlia.

Eles não podem ser o que desconhecem nem deixar de ser o que foram.

Os dois se preservam, se protegem, como se o segredo fosse algo que esqueceram, e nenhum conta que esqueceu.

Não entendem o motivo da separação porque não acharam um sentido para a convivência, como se fosse preciso ter sentido.

A ausência chama mais atenção.

Eles se dedicaram a inventar um dialeto, mas perderam o contato com o próprio idioma para traduzi-lo.

Dividiram a vida para perceber depois que a vida fica dividida.

Reconstruir o que não desmoronou não adianta.

Júlia e José. Poderia ser Maria e Paulo. Os nomes não mudam o que foi doado.

Mesmo a árvore mais desatenta cuida da estrada.

DESENHO ANIMADO

Quando a gente gosta, a gente cuida. Cuida mais do que devia.
 Gostar é se prevenir do desgosto.
 A gente nunca sabe o que é suficiente, a gente vai se doando, se gastando, sem pedir troco.
 A gente gasta mais do que tem e corre atrás para imaginar o que não viveu para não fazer falta à memória mais adiante.
 Quando a gente gosta, é um exagero de gosto, é falar para levar o casaco porque pode fazer frio, é chamar atenção sem motivo, é fazer escândalo no telefone em pleno trabalho.
 Quando a gente gosta, a timidez fica sem chances de escapar.
 Quando a gente gosta, o que não gosta é suportado com gosto.
 Quando a gente gosta, a gente diz que nunca mais vai repetir, e repete porque gostar não é promessa, é quebrar promessas com os dedos cruzados nos lábios.
 Quando a gente gosta, os segredos são música sem letra, adivinhação de pernas na mesa.
 Quando a gente gosta, somos personagens do gosto mais do que autor dele. Não mandamos no gosto; o gosto nos suporta.

Quando a gente gosta, a gente começa emprestando um livro, depois um casaco, um guarda-chuva, até que somos mais emprestados do que devolvidos.

A gente dorme uma noite fora de casa, duas noites, até que a gente leva a casa para dormir com a gente.

Gostar é não devolver, é se endividar de lembranças.

Quando a gente gosta, pratica-se a arte de não ficar calado. A arte de não ficar calado é bruxismo de gente acordada.

Quando a gente gosta, a neblina faz o rio encurvar mais cedo.

Quando a gente gosta, tudo é importante, as inutilidades ainda mais.

Quando a gente gosta, come-se a luz de boca aberta.

Quando a gente gosta, guardamos os botões caídos das roupas como brincos.

Quando a gente gosta, recomenda a própria idade como a mais sábia.

A gente gosta de ter razão, mas não ter razão só aumenta o gosto.

Quando a gente gosta, levar o lixo ou conferir se as portas estão fechadas é uma longa negociação de gostos.

Quando a gente gosta, separa o feijão em uma bacia com água e fica com pena dos grãos descartados e os inclui para a fome não ver.

Quando a gente gosta, é natural até se gostar menos para reservar lugar de quem gostamos.

A RESPOSTA

Posso ter demorado para perceber. Não me culpo. Saber antes não me traria nenhum benefício — falta-me jeito para fazer sala à verdade.

A mulher não gosta de dar respostas. Explicar, argumentar, avisar, sinalizar, mostrar com o dedo. A vida não pode ser resumida aos três sinais do semáforo.

A mulher não deseja ser mãe de seu homem.

Não deseja ser professora de seu homem.

Não deseja ser tia de seu homem.

Muito menos avó, com chá de boldo na cama.

Não fica excitada de colocá-lo de castigo.

A mulher não deseja que ele concorde, longe disso.

Deseja ser compreendida. Se o homem diz que a compreende, por que ela é obrigada a convencê-lo a todo momento? Não tem lógica.

A mulher termina enfastiada com a ideia de repetir a mesma ladainha: "Você não me entende?" E ele não entende, apressa entender, que é diferente.

A mulher deseja silenciar, mas não silenciar um silêncio qualquer, um silêncio ríspido, um silêncio grosseiro, de talher e cabeça baixa, e sim um silêncio satisfeito, um silêncio de orla, um silêncio de calçadão.

Quando a mulher se irrita, não lhe faltam argumentos; ela apenas desistiu de falar. E o homem pensa que ela, enfim, aceitou a sua opinião.

A mulher não deseja dar a resposta, está esperando a reação dele.

Nunca que pergunte: "O que está pensando", que é a mortalidade infantil do pensamento.

Nunca que reclame ou edite o discurso a seu favor.

Não adianta fazer ciúme ou fingir remorso. Teatro amador é na escola.

A mulher não deseja dar a resposta, o que não significa que não deseja a resposta. É que responder perde a graça, o entusiasmo, o charme.

A mulher joga cabra-cega com a boca. Não é um jogo, um mero resultado, a vida do relacionamento depende dessas poucas palavras. É arriscar ou encenar uma falsa sapiência durante cinco dias, cinco meses, cinco anos até acontecer a separação.

A paciência tem limite, ora bolas.

Ela não vai ficar dando resposta infinitamente. Tampouco deseja que o homem memorize a resposta.

Repetir o que ela falou atesta que ele não estava ouvindo. A tática de reiterar a última frase para fingir atenção não funciona mais.

Cansa voltar ao ponto de partida, como se nada tivesse existido antes.

É simples. A mulher não deseja dar a resposta. Quer ser antecipada, sonhada, imaginada.

Tanto faz que ele erre. Deseja ser sondada, visitada, pressentida.

A mulher deseja ser adivinhada.

A mulher não deseja a resposta certa; não há resposta certa.

Deseja ser a resposta que o homem procura fora dela.

UM VIOLINISTA
NO TELHADO

Às vezes, não perguntar é curar. Quando a mulher que ama chega em casa abalada e desconsolada, a primeira reação é questionar: "O que aconteceu?"

Mas não aconteceu nada que possa ser resumido, explicado, esclarecido.

Não ocorreu um acidente, um terremoto, uma notícia; as vítimas são apenas sentimentos desarrumados e confusos.

E diante da falta de resposta já se pressupõe uma traição, uma ofensa e, até mesmo, a quebra de confiança.

Em vez de ajudar, ele passa a cobrar a ausência de resposta.

Piora a situação.

Puxa uma briga em plena vulnerabilidade dela.

Ataca um corpo ferido.

Agrava o mal-estar com a tendência de se colocar sempre no centro do mundo, não admitindo que alguém possa se encontrar pior do que ele.

Com a mania de adaptar a realidade para as suas necessidades, é cego para outros desejos.

Não percebe que ela está precisando somente de seu silêncio. É tão difícil doar silêncio, mais fácil é doar roupas, alimentos não perecíveis, sangue, vírus, esperma, dinheiro. Doar silêncio é quase um crime inafiançável.

É isso que ela pede, algo mínimo, algo discreto, algo despretensioso: o silêncio da lealdade. A fé. A quietude da segurança.

Que não fale nada, que não julgue, que não duvide, pois ela está cansada de ser abreviada, atalhada, sentenciada, concluída.

Está farta de que falem por ela.

Está farta de lutar para se defender, para ser compreendida, de começar de novo, quem não fica?

Que a receba em seu colo e dedique horas a fio beijando-lhe os olhos, dando voltas nas quadras de seus cabelos, consolando-lhe a pele.

Que a sua curiosidade não estrague a comoção.

Faça que ela durma assim, como uma criança, com a tevê acesa, no sofá, e arrume uma coberta para que não passe frio.

Seja um pouco mãe, um pouco pai, um pouco filho de sua mulher.

Não dê ouvidos para a tristeza, dê ouvidos para os barulhos da casa. Os barulhos da casa cicatrizam qualquer ferida.

Não chamar atenção para si é um modo de estar presente nessas horas.

Ao acordar, ela não perguntará nada. Devolverá a boca, agradecida. E o abraçará como se tivessem conversado a noite toda sobre os problemas.

Na verdade, conversaram sem a arrogância das palavras.

PEDIDO

Traga-me o mar e as rendas das canoas. Traga-me o chá de ervas que colore as mãos depois do abraço. Traga-me os ombros na véspera do sol. Traga-me a cabeleira de astros e a lareira de grilos. Traga-me a glória do limo e os degraus dentro da estante. Traga-me um rosto surpreso e o gancho da porta para pôr o casaco. Traga-me um pensamento que não foi sentimento. Traga-me o visco mais duro, o céu inconformado, o verde aposentado. Traga-me o seu sotaque de praia, o seu dialeto de inverno. Traga-me as suas notícias sem jornal, a ambulância da brisa. Traga-me os insetos em frascos e a boca aberta de espanto. Traga-me o ritmo das cartas sendo embaralhadas. Traga-me o seu álbum de fotos e as figurinhas repetidas para trocar. Traga-me a conversa de corredor, a porta observada. Traga-me o filho no colo, a carícia dos joelhos. Traga-me as frutas do pé e a horta do fim da casa. Traga-me as joias falsas para as pedras disputarem corrida no piso. Traga-me a caridade ainda não descontada, a insatisfação aumentando. Traga-me as suas pernas altivas, os seus seios de lado. Traga-me a renúncia, as gramíneas em caixotes, a colher do violão. Traga-me o medo da escada em caracol, as tampas de vidro dos perfumes. Traga-me o seu nome do meio, a escritura do pessegueiro. Traga-me o cheiro da cidade natal, o estojo de linha e agulha. Traga-me o sótão de seus livros, a letra mais arisca. Traga-me os seus problemas incomunicáveis. Traga-me a indulgência infantil ao açúcar. Traga-me o animal de estimação de seus cinco anos e sua desaparição repentina. Traga-me o perdão ao seu pai e à mãe, o pomar das gavetas. Traga-me a manhã depois de ter amado à noite. Traga-me a noite depois de ter odiado à tarde. Traga-me areia fora da ampulheta, o resto de música que fica no copo. Traga-me a sua risada, a loucura, o palavrão. Traga-me alguma senha esquecida, algum pente esquecido na bolsa. Traga-me a covardia do salto, a timidez do sutiã. Traga-me a aparência de quem não chegou a tempo. Traga-me a Bíblia marcada com fita de cabelo. Traga-me os mistérios gozosos. Traga-me a salvo o ainda que não abrimos juntos.

FÉ E ÁLBUM DE FIGURINHAS

Eu tinha maravilhamento por álbum de figurinhas. Essa obsessão de colar, de armazenar as repetidas, de disputar bafo com os colegas, de ter um mundo em miniatura para cuidar. Assim como se zela por uma samambaia ou coleção de selos.

Abrir o envelope era uma condição mágica. Como um presente, espiava primeiro dentro do pacotinho antes de pôr as mãos nas imagens.

Sonhos curtos de um número ao seguinte.

Ao acumular casas vizinhas, montei meu bairro, minha cidade.

O curioso é que não concluí nenhum álbum, sempre fiquei perto, com uma ou duas figurinhas faltando. Mas não mandava, sob hipótese alguma, carta para o fabricante pedindo as que restavam. Considerava um meio ilegal e fácil.

Existe uma ética na brincadeira, um contrato imaginário.

Questão de honra conseguir as mais raras nas bancas, do mesmo jeito da maioria.

Álbum nunca me serviu como um troféu, um boletim escolar, para mostrar aos pais e me orgulhar de sua perfeição. Significava o diário que não escrevia. O caderno ilustrado do tempo livre.

Não ficava triste ao não completá-lo, minha felicidade consistia tão somente em fazê-lo.

Álbum é destinado à incompletude, a disciplinar o esforço, respeitar os vazios.

Se eu adquirisse todas as figurinhas, seria igual a tantos que concluíram o livro como uma tarefa.

Se carecesse de uma ou de duas, o álbum se tornaria particular, pessoal.

Não concluir o livro é amor. Poucos terão as mesmas figurinhas faltando.

Pode soar absurdo; entretanto, o álbum de figurinhas me ensina sobre a relação a dois.

Não se deve completar tudo, preencher tudo. Há lacunas que nos alimentam. Há páginas que ficarão em branco, cromos que não serão colados, lembranças que não terão ilustração.

A incapacidade de chegar ao fim é o que mais me comove, porque se reserva um espaço para companhia.

Igual medida encontro no casamento.

Não é a paixão. Não é a amizade. Não é a afinidade. Não é a convivência. Não é a sorte. Não são os filhos. Não são as conveniências. Nada disso determina a harmonia de um casal. Qualquer uma dessas causas não impedirá a separação.

O que exerce a diferença e sustenta a permanência é a fé. Duas pessoas que se apaixonam uma pela fé na outra é amor.

Duas fés juntas, nem Deus impede, nem o diabo separa, nem o azar dificulta.

Fé é espessura.

A fé que começa em um álbum de figurinhas e não termina com ele, a fé que começa com as mãos dadas no cinema e se transforma em nó de balanço, a fé que começa ao arrumar uma gravata do marido ou ao limpar a boca da mulher no almoço, a fé que começa sem importância, em uma miudeza que só quem tem fé repara.

A fé que não se importa com provas e acusações, que não mudará o que acredita por indícios e suspeitas, que perdoa antes de acontecer, que reconhece antes de ver, que compreende antes de ler.

A fé que não é roupa para se achar no armário, muito menos memória para consolar.

A fé.

ANA COMPLETA 36 ANOS

O dia não é mais um desconhecido, diferente do fogo preguiçoso que só lê um lado da folha.
Sua vida me cumpriu pouco a pouco.
A cintura de seus olhos é da janela que se abre ao trem, não da porta que se chaveia.

Você acordará com o abrigo e a blusa branca e pequena, pegará o café e sentará com as costas apoiadas na parede e as pernas dobradas em repouso. O umbigo aparecerá como uma fruta encostando no telhado.

Lerá o jornal como se o dia fosse um desconhecido, mas não é. Nada haverá mais de ser, Ana.

Nosso filho dorme e logo chamará seu nome antes do meu, chamará seu rosto antes do meu.

Seu rosto sempre me antecede. E seu rosto são os dedos, as pernas, os cabelos, os seios, o quadril. Seu rosto é um pátio que liga a casa às outras casas. Seu rosto é a lareira de abelhas crepitando no pão. O pão como uma mesa feita somente para a boca, coberta pela toalha da respiração.

Não existe cansaço, jogo. Não existe renúncia, ruas inúteis.

Em tudo que vejo em você, Ana, há uma residência por voltar.

Procuro-a como quem escuta um recém-nascido no pulmão. E a criança se adianta ao homem que sou para brincar com você. Todos que fui querem brincar com você mais do que eu.

Ana, o sino deitará seu vestido pela cidade e não terminará de despir os ouvidos.

O que esqueci será lembrado de outro jeito. Adquirido de outra forma.

Eu me desacostumei a me servir. Importo-me somente em aumentar o corpo para lhe dar as mãos nervosas durante a noite. E não vacilo em pedir o seu corpo emprestado para chegar ao meu corpo.

Nossas mãos se assemelham às parreiras guardando a chuva. Os ramos miúdos da chuva. Os ramos que abençoam sem mudar os traços. A chuva é vinho para quem vai acompanhado. O dia não é mais um desconhecido.

Você canta no carro, alto, e a estrada se volta para a sua voz. E a música que nunca pensei que seria minha insiste em retornar.

Ana, nossas vidas nunca mais serão duas. Esperaremos o fim das palavras para entender o começo.

Nem temos horta, jardim, para ilustrar as asas dos insetos.

Quando fico triste com você, ainda sou imensamente alegre.

Quando fico alegre, sou uma árvore ajoelhada.

Não trocarei as lâmpadas dos ombros. Ando no escuro para tocar onde não devo.

Amor é tocar onde não se deve. E curar sem entender a doença.

DOIS AMORES AO MESMO TEMPO

Uma biblioteca desarrumada não significa que é menor. Estantes com filas duplas não sinalizam desordem. Um livro que não se encontra não está perdido.

Não achar alguma coisa é mexer em obras esquecidas e ler o que não se esperava.

Não sou contra a catalogação. Nada disso. É que livros lidos são naturalmente livros fora de ordem. Escapam do crivo, deitam em dormitório alheio, misturam-se com ansiedade.

Duvido de uma biblioteca ordenada em excesso, impecável, limpa. Parece que a única leitora é a traça.

A vida não deixa nada em seu lugar.

Como ler sem contrariar o rumor alfabético? Como viver sem contradição?

O mesmo posso pensar dos amores. Desejamos ao longo dos dias ter um casamento regulado, com todos os volumes cadastrados e que sirva mais como um móvel para decoração do que uma escada de leitura.

Amor, como uma biblioteca, não é posse, mas despertence. Quanto mais leio mais perco as certezas do começo. Quanto mais amo mais corro ao final.

Um livro não dirá onde estamos, uma paixão não consola; ambos apontarão para onde podemos ir dentro do corpo.

É possível viver dois amores ao mesmo tempo?

Sim, é possível viver até três amores ao mesmo tempo, porém o esgotamento nervoso chegará junto.

Desde que um amor não seja a migalha do outro.

Desde que o amor não seja a falta de solidão, e sim a solidão assumida.

Desde que o amor não seja a segurança do egoísmo, e sim a insegurança do diálogo.

Desde que um amor não seja o complemento do outro. Pois amores não se completam, se bastam. Não adianta somar duas carências para gerar uma terceira.

Dois amores são possíveis no início, para se desentenderem logo em seguida.

O amor que é forte, luminoso, não permite concorrência.

Amor é naufrágio, nem todos encontram madeira boiando para voltar a si.

Dois amores são possíveis ao mesmo tempo porque um deles será o proibido. Porém, o proibido poderá ser transar com a esposa, não com a amante; e quem dançará sozinha depois será a amante.

Difícil de compreender?

Permanecer no casamento ou na estabilidade, desde que se amem, é hoje a mais alta transgressão. Aventurar-se fora de seus domínios cheira à regra.

Não existe roteiro pronto.

Assim como o marido pode segurar a vela de seu enterro e as duas arranjarem coisa melhor pela frente.

O amor não está em uma instituição, mas na capacidade de suplantá-la.

Amor não se mede, se confunde.

É impraticável comparar relacionamentos como ofertas de lojas.

Um amor que não pode ser comparado é difícil de esquecer (ainda que a separação aconteça).

Aquele que já permite comparação demonstra ser pouco consistente (ainda que os dois fiquem juntos).

A gente ama para quê? Para não avaliar o amor.

Não conseguir acompanhá-lo é quando ele vai bem. Quando se começa a ter consciência do certo ou do errado é aviso-prévio.

Sintomático que os casais peçam conselhos aos amigos para, em seguida, fazer tudo diferente.

Amor muda as regras de propósito, muda o telefone, muda o endereço.

Quem não está jogando não entenderá. Ele é feito somente para jogar, não ser assistido.

O mistério é não entendê-lo a ponto de preveni-lo. Prevenir o amor é matar a capacidade de aprender com as suas consequências.

DESISTIR

Quando descubro que a pessoa com quem vivi mais de quinze anos traía, mentia e zombava, penso que não vou conseguir sobreviver.

Quando descubro que o dente é uma dor de osso, não uma dor da pele, penso que não vou conseguir sobreviver.

Quando descubro que o filho não escuta, finge e faz o contrário do que se pede, penso que não vou conseguir sobreviver.

Quando descubro que alguém tão próximo morreu e não falei nada, penso que não vou conseguir sobreviver.

Quando descubro que a realidade não é a mesma coisa que a vida, e que uma pode faltar e a outra sobrar, penso que não vou conseguir sobreviver.

Quando descubro que o amor parou enquanto eu andava, penso que não vou conseguir sobreviver.

Quando descubro que sinto mais saudades do que não aconteceu do que aquilo que aconteceu, penso que não vou conseguir sobreviver.

Quando descubro que estou dispensado do emprego que julgava estável e definitivo, penso que não vou conseguir sobreviver.

Quando descubro que as tarefas, os compromissos e as reuniões me mantinham entretido porque não sabia o que fazer sozinho, penso que não vou conseguir sobreviver.

Quando descubro que fiquei fora e não tive vida dentro, penso que não vou conseguir sobreviver.

Quando descubro que afastei todos que chegaram perto de meus segredos, penso que não vou conseguir sobreviver.

Quando descubro que sou o único da sala, de um tempo, de uma lista a não ser convidado para uma festa, penso que não vou conseguir sobreviver.

Quando descubro que os amigos trocaram de telefone há décadas e não sei para onde ir, penso que não vou conseguir sobreviver.

Quando descubro que deixei de puxar conversa e me alegrar longe do final de semana, penso que não vou conseguir sobreviver.

Quando descubro que meus pais não me amavam como eu queria e só me amavam como podiam, que a minha infância foi inventada para eu não sofrer com a verdade, que fui um filho do acidente, penso que não vou conseguir sobreviver.

Quando descubro que falam nas minhas costas, penso que não vou conseguir sobreviver.

Quando descubro que não posso perdoar o que desconheço, penso que não vou conseguir sobreviver.

Quando descubro que saber demais é saber de menos, penso que não vou conseguir sobreviver.

Quando descubro que perdi as minhas pernas, um braço, que perdi a visão ou a audição, penso que não vou conseguir sobreviver.

Quando descubro que não sou igual aos outros tanto quanto acreditei ser, penso que não vou conseguir sobreviver.

Quando descubro que não acompanho o meu raciocínio, que envelheci e não faço tudo sozinho, penso que não vou conseguir sobreviver.

Mas a esperança é sempre mais teimosa do que eu.

DESABOTOANDO A CAMISA
DA CINTURA AOS SEIOS

Na minha infância, para ver as horas tinha que tirar o relógio do bolso; tinha que ir à sala; tinha que consultar a posição da luz; tinha que aguardar o galo e os latidos do cão. O tempo não estava no pulso, não estava evidente. O corpo se acostumava a segui-lo por dentro.

Raro também era o telefone de teclas: girava o disco pesado de cada número para completar a ligação. A voz ficava parada em um único lugar, não havia jeito de fazer duas coisas simultaneamente. Telefone público provocava filas de banco. Escutar a conversa do outro acabava sendo uma fatalidade.

Aprendi a sair de mim com a porta fechada do quarto. Pressentia as visitas pelo barulho na grama. Passo rancoroso: adultos. Macio: gatos. Suave: crianças. O portão emperrava quando vinha o carteiro.

Há feridas que não se curam, apenas se esquecem de doer. Há alegrias que não se completam, mudam de vento.

Estar informado não é satisfação. Hoje estamos mais informados, porém bem mais insatisfeitos. Conhecemos tudo que acontece ao nosso redor, o que não amansa a solidão. Pelo contrário, agrava a solidão. A informação não resultou em paz. Porque informação não é intimidade. A paz chega somente da intimidade.

Seduzir não é encantar, mas se estranhar.

Amar virou prova de estudo, de erudição. Manuais, livros, revistas transmitem o receituário básico de conquista. Como conquistar alguém sem se perder? Como conquistar alguém sem a insegurança de não saber fazer na hora de fazer? Sacrificamos a intuição pela técnica. Seguimos uma receita de que tudo é possível, esquecendo-nos de tornar possível antes. Não existe liberdade sem personalidade.

Talvez o amor seja possível, nós não. São detalhes esperando a dispersão da lanterna.

Minha mulher dorme com o rosto emoldurado pela coberta. Sempre tapa os ouvidos. Parece uma astronauta se protegendo da gravidade. Ela também dobra as pontas dos travesseiros como se fossem cachos. Ao deitar, espero que ela faça esse ritual. É o meu relógio.

Minha mulher quebrou dois saltos em sua vida. Para que guardo isso? Para nada. Ao amar, busco dados que só servem para amar ainda mais.

Não poderei dizer o que me arrebata, senão os silêncios dela se cumprindo sem me perguntar. Como seu modo de desabotoar a camisa da cintura para os seios, e não como o costume: de cima para baixo.

Sei que quando ela vai ao salão passa por uma loja e reserva algumas roupas. Não compra no ato. Depois de uma semana, volta lá e compra.

Grande coisa? Para mim é o que interessa. Desejos se alimentam de inutilidades.

Minha mulher não coloca suas roupas novas em cabides, e sim no armário, dobradinhas, durante dois meses.

Seu jeito de sentar sobre uma perna revela seu jeito de encarar os problemas.

Quando está com raiva, procura a janela da cozinha. Quando está feliz, recorre à janela da sala.

Minha mulher pode ser a mais pacata e tediosa para quem não convive com ela, mas comigo é sobrenatural e intensa.

Não nos desperdiçamos em interrogatórios; observamos. Cada sombra dela me interessa porque não sei explicar e ainda assim me faz bem.

Há o sol de gripe, que me faz espirrar; o sol de inverno, que me põe a sentar; o sol do verão, que encurta as marquises; o sol do entardecer, que troca a minha pele. Quantos sóis circulam na respiração dela?

O que me liga a ela não contarei aos amigos. Não será tema de mesa de bar. Não exaltarei os familiares. É discreto demais para ser motivo de fofoca ou para agregar fama. É discreto como esticar uma cadeira de praia na varanda. É discreto como a fumaça de um chá em manhã de inverno. É discretamente fundamental.

Nenhum homem conta o que realmente importa. O medo de ser entendido é maior do que o medo de não ser entendido. Não importa adivinhar se a minha mulher fez as unhas e os cabelos, se não consigo adivinhar quando ela não fez as unhas e os cabelos.

Não procuro em minha mulher a mudança, visível e aberta, mas a permanência, a que a torna diferente em mim.

CAIXA DOIS DO AMOR

Como o amor pode ser tão perdulário em seu início e tão pão-duro em seu final?

Como um homem ou uma mulher se doam no começo para se expulsarem depois com a implicância de demônios?

Como a celebração desemboca em exorcismo?

Será que a avareza do final foi disfarçada no começo?

Ou aquilo que temos deixamos de ser?

Complicado equacionar essa resposta.

Se o homem ou a mulher fossem o que são no enlace não haveria desenlace.

Mas eles mudam. Mudam drasticamente.

No início, o amor é perdulário. Gasta o que não viu. Dedica-se a seduzir como um disciplinado marceneiro. Tudo é plaina e curva. Rosa de madeira e pétalas líquidas.

Enamoradas, as pessoas contam tudo, abrem suas histórias, memórias, acidentes, virtudes e proezas com uma franqueza incomparável.

Em três dias, parecem que nasceram para estarem ali, um de frente ao outro, um no outro. Não se desgrudam, não se soltam. Cedem para agradar, dançam se não gostam de dançar, escutam jazz se não gostam de jazz, comem o que sentem alergia. Vencem os preconceitos e os princípios com uma espontaneidade infantil. Entregam seus mais valiosos bens sem fazer inventário.

Quando conseguem ficar juntos, a entrega mútua assume a formalidade do compromisso, e os dois vão esfriando a passionalidade e entram no transe do "já nos conhecemos". E ficam ríspidos, rigorosos, rígidos dia após dia.

A generosidade seminal se transmuda em indigência. As questões se reduzem à rotina e ao que precisam comer no jantar.

O sorriso é esgar, contração facial involuntária, de quem não se mantém atento e está em coma.

Adentra-se no terreno da audição seletiva, do fingimento. "Eu finjo escutar e você finge falar; você finge escutar, eu finjo falar."

Transam pela proximidade física, não pela proximidade afetiva.

Antes abertos e transparentes, agora não falam mais nada, não confessam mais nada; amam-se, e dizer isso de vez em quando já basta.

Não, não basta. Sabe-se que não basta dizer "eu te amo". A gente não pode amar uma certeza. Ama-se uma verdade. Ama-se uma mentira. Uma certeza, nunca. Pode-se, no máximo, concordar com uma certeza, não participar.

O amor é um quebra-cabeça ao contrário; há sempre uma peça por começar, nunca por terminar.

O que acontece para a troca resultar em privação? Poupa-se o amor. Economiza-se o amor. Canaliza-se a energia do amor para outros fins (afinal, ele continuará existindo).

Todo amor tem um caixa dois. Todo amor tem um ladrão, um paraíso fiscal onde alguém desvia os recursos, as experiências e a vontade que deveriam ser utilizados para a aproximação constante do casal.

O amor termina não pela falta de compreensão, de amizade e de desejo; termina, sim, porque um dos dois quis tirar vantagem sozinho e deixou de colaborar para a imaginação.

A corrupção do amor é mais alta do que a corrupção do político, pois envolve pureza e lealdade.

O amor ainda não conheceu verdadeiramente a democracia.

SEPARAÇÃO

Não adianta dizer alguma coisa. Você não acredita. Não acredita mais em mim. Estará me cobrando de madrugada o que não fiz. Estará me olhando sem piscar, tirando a segunda via de meus olhos. Você não acredita mais em mim.

Flores ficarão na mesa como um aquário sem iluminação. Não consertaremos o armário, não iremos infiltrar heras nas grades, não envelheceremos juntos. A praia será um terreiro de santo desabitado.

Seremos desconhecidos simpáticos, falando do filho para não nos separarmos por inteiro. Você deixará meus sapatos perto da porta para facilitar, os livros fora da estante, as camisas empilhadas na cadeira.

Não dormirá, não comerá, a não ser a raiva. A raiva de me devorar pelo ódio, depois de me ter devorado pelo amor. Agora chupa um por um dos meus ossos com desgosto. A carne é triste e doce.

Você não acredita mais em mim. Acredita mais nos pesadelos, no horóscopo, nos cachorros do que em mim. Eu sou a impossibilidade do seu orgulho, da sua fé, do seu romantismo.

Você bem que tentou acreditar, foi forte e sóbria no início, mas ainda não havia digerido. Ponho a minha língua em sua boca como uma aspirina e você cospe a medicação.

Agora você não acredita mais em mim. Posso espernear, desmentir, dissuadir. Posso avisar que se arrependerá. Posso argumentar que não reincidi.

Já me condenou a uma primeira chance. Não importa, você sofreu por mim, pela família inteira, mesmo que não tenha acontecido nada depois. Sofreu ao imaginar o sofrimento. Sua dor tornou-se tão precisa e planejada que nem a realidade terá tempo de enfraquecer.

Ficará no meio da escada, inquisidora, com as sobrancelhas bruxuleando insetos azuis. Ofenderá séculos em minutos. Os pômulos emagrecerão para evidenciar o pescoço.

Puxará as contas do telefone, do cartão; mexerá em minhas gavetas para encontrar a suspeita de que você não acredita mais em mim.

O sinal de alerta geral está ligado. Os búzios dizem mais do que as minhas mãos. As cartas dizem mais do que as pintas de meu braço. Você não acredita mais em mim.

Corre para se salvar na contramão do meu dorso. Mata-me para se defender. Serei um afogado em seu pulmão. Serei cremado em suas coxas. Serei esfaqueado em seus ouvidos. Você não acredita mais em mim.

Peço um último favor: ensine-me a chorar.

Eu soluço, eu soluço, eu soluço; e não há voz, não há água para costurar essa mortalha. Desejava cobrir meus pés e o rosto, para que não me visse morto pela última vez.

IMPREVISÍVEL

Cometa bobagens. Não pense demais porque o pensamento já mudou assim que se pensou. O que acontece normalmente, encaixado, sem arestas, não é lembrado. Ninguém lembra do que foi normal. Lembramos do porre, do fora, do desaforo, dos enganos, das cenas patéticas em que nos declaramos em público.

Cometa bobagens. Dispute uma corrida com o silêncio. Não há anjo a salvar os ouvidos, não há semideus a cerrar a boca para que o seu futuro do passado não seja ressentimento.

Demita o guarda-chuva, desafie a timidez, converse mais do que o permitido, coma melancia e vá tomar banho no rio. Mexa as chaves no bolso para despertar uma porta.

Cometa bobagens. Não compre manual para criar os filhos, para prender o gozo, para despistar os fantasmas. Não existe manual que ensine a cometer bobagens.

Não seja séria; a seriedade é duvidosa; seja alegre; a alegria é interrogativa. Quem ri não devolve o ar que respira.

Não atravesse o corpo na faixa de segurança. Grite para o vizinho que você não suporta mais não ser incomodada.

Use roupas com alguma lembrança. Use a memória das roupas mais do que as próprias roupas.

Desista da agenda, dos papéis amarelos, de qualquer informação que não seja um bilhete de trem.

Procure falar o que não vem à cabeça, cantarolar uma música ainda sem letra.

Deixe varrerem seus pés, case sem namorar, namore sem casar.

Seja imprudente porque, quando se anda em linha reta, não há histórias para contar.

Leve uma árvore para passear.

Chore nos filmes babacas, durma nos filmes sérios. Não espere as segundas intenções para chegar às primeiras. Não diga "eu sei, eu sei", quando nem ouviu direito.

Almoce sozinha para sentir saudades do que não foi servido em sua vida.

Ligue sem motivo para o amigo, leia o livro sem procurar coerência, ame sem pedir contrato, esqueça de ser o que os outros esperam para ser os outros em você.

Transforme o sapato em um barco, ponha-o na água com a sua foto dentro. Não arrume a casa na segunda-feira. Não sofra com o fim do domingo.

Alterne a respiração com um beijo.

Volte tarde. Dispense o casaco para se gripar.

Solte palavrão para valorizar depois cada palavra de afeto.

Complique o que é muito simples. Conte uma piada sem rir antes.

Não chore para chantagear.

Cometa bobagens. Ninguém lembra do que foi normal.

Que as suas lembranças não sejam o que ficou por dizer. É preferível a coragem da mentira à covardia da verdade.

LIGADURA E *VASECTOMIA* NO CORAÇÃO

Uma das explicações mais recorrentes para desistir ou enfraquecer um amor é que não se quer sofrer. Pelo receio de sofrer, a maioria deixa de se jogar, de se soltar, de acreditar na paz que vem com toda tormenta.

Pelo receio de sofrer, a maioria antecipa cobranças e insultos.

Pelo receio de sofrer, casais se separam precocemente.

Pelo receio de sofrer, somos mesquinhos, egoístas e primitivos. Não ampliamos a confiança. Somos juízes severos e implacáveis, prometendo o pior enquanto o melhor passa.

Pelo receio de sofrer, favorecemos a desgraça, o mal-entendido, e abolimos a esperança. Inventamos suspeitas, sob a alegação de prevenir a dor.

Pelo receio de sofrer, falamos pelo tempo, e o tempo nada tem a dizer ainda, nem pensou no assunto.

Pelo receio de sofrer, o vento mais forte já é tempestade.

Pelo receio de sofrer, fazemos o outro sofrer mais do que sofreríamos, na verdade, sozinhos.

O amor é sempre sinônimo de martírio, de suplício, de disputa.

É claro que o amor não é fácil, assim como andar de bicicleta sem rodinha para uma criança de quatro anos não será fácil, como aprender a dirigir para um adolescente de 15 anos não será fácil. Facilidade não nasceu nesta vida. Nem pescar é fácil.

Sofrimento se paga à vista. Não aceita crediário. Se surgir, arca-se com as despesas na hora. Nunca por antecipação, a dissipar o contentamento antes de se tornar memória e curva do corpo.

O mundo não é limitado, reduzimos o mundo pela preguiça de enxergar.

Por que os amantes estão apagando a alegria do amor? Por que estão suspirando antes de sussurrar? Por que estão escondendo dos amigos o ímpeto de atravessar uma nudez como se fosse o próprio quarto? Por que não declarar que é simplesmente delicioso perder o prumo para se levantar com a bruma? Por que fazer da inveja uma religião? Por que não falar que um arrepio e um estremecimento significam mais do que uma noite de sono? Por que não desistir de dar conselhos pessimistas e avisos mórbidos? Por que dissuadir os apaixonados com conselhos ponderados e equilibrados? Por que se envaidecer com a tragédia? Por quê?

Com receio de sofrer, homens realizam vasectomia no coração.

Com receio de sofrer, mulheres fazem ligadura no coração.

Ambos tornam-se indiferentes e descrentes. Ambos sacrificam a fertilidade, o inesperado, o porvir. São enterrados de pé.

Viver não é racionar o que se conhece. O que se conhece é insuficiente. Os riscos fazem parte da euforia.

Como a dor, a alegria também pode ser insuportável.

Por receio da alegria, sofremos.

VIDA A DOIS OU DOIS EM UM

Vida de casado é vida de solteiro. Vida de solteiro é vida de casado. Como uma mosca insistente rondando o pescoço — ela não incomoda tanto pelo barulho no ouvido, mas por aquilo que os outros vão pensar da gente.

Nunca estamos satisfeitos com a vida.

Os casados sentem falta dos amigos, das noites em claro, da disponibilidade para surpresas, dos desavisos. São nostálgicos.

Os solteiros sentem falta de uma conversa a dois, de viagens, de um confidente, da segurança, de não quebrar a cabeça para resolver a sexta-feira. São ansiosos.

O casado não suporta fazer relatórios de aonde vai e quando volta.

O solteiro não suporta não ter alguém para contar o que anda fazendo.

O casado reclama da comodidade.

O solteiro xinga a instabilidade.

O casado destrata a rotina.

O solteiro deseja a rotina.

O casado se dá bem somente com os amigos casados. Jantar com casais é obrigatório, como também é obrigatório falar mal dos casais depois do café para aliviar a barra em casa.

O solteiro só se dá bem com os amigos solteiros; segrega os casais para não segurar vela.

O casado não sabe mentir, está longe de seus álibis.

O solteiro mente porque não tem tantas verdades para se confundir.

O casado quer aventuras.

O solteiro está cansado de aventuras.

O casado passa a procurar os defeitos de sua companhia.

O solteiro procura somente as virtudes.

O casado fala mal de seu par em público.

O solteiro fala mal de si.

O casado recebe todo conselho como uma ameaça do fim.

O solteiro acolhe as confidências como uma saída do fim.

O casado pensa que morreu cedo demais.

O solteiro pensa que viverá tarde demais.

O casado demora mais tempo para sair.

O solteiro demora mais tempo para voltar.

O casado trata o romance como um filho não planejado.

O solteiro enxerga o romance para planejar filhos.

O casado toca na aliança como um corrimão.

O solteiro perde os dedos na prosa.

O casado disfarça ao encontrar antigos amores.

O solteiro faz festa para o desespero de quem está casado.

O casado tem um olhar severo de cão de guarda.

O solteiro tem o olhar desconfiado de gato no muro.

O casado vai a um restaurante para comer.

O solteiro vai a um restaurante para ouvir.

O casado quer voltar para a sua família.
O solteiro quer fugir de sua família.
O casado atende o telefone como se fosse um promotor.
O solteiro atende o telefone como se fosse um advogado.
O casado sofre para ficar com a última palavra.
O solteiro sofre para superar a primeira.
O casado se despede com um beijo.
O solteiro acena para não se despedir.
O casado é um solteiro egoísta.
O solteiro é um casado generoso.

DIÁRIOS DE UMA VIAGEM POR *VOLTA DA BOCA*

Estender o colar na mulher é acalmar uma cidade em seu pescoço. Fazer lento o gesto para não lascar a labareda. Contornar as costas de leve, deixar as contas descerem ao declive da encosta, água em sua forma mais tranquila. Cercear como um violino, sem ameaçar como o vinho. Nada pode ser mais fiel. Quando se arde, o nevoeiro já é a noite.

SEXO COM AMOR

Eu duvido de toda liberdade que não seja responsabilidade. Nunca me senti tão livre quando tinha que cuidar dos meus irmãos pequenos enquanto a mãe estava no trabalho. Preparava o almoço, atendia a visita gritando na janela (nunca pela porta), tentava acalmá-los no momento que ficavam ansiosos pela volta materna.

Hoje, liberdade parece que é não se importar com o outro.

É fácil esquecer amores, amizades, empregos.

Não percebo resistência, luta por uma paixão, superação das dificuldades, persistência por um ideal, leitura de lábios, dedicação exagerada e até irritante.

Não se faz mais um samba por uma dor de cotovelo ou em nome de qualquer parte do corpo.

Não se toma um porre para chorar em público por uma mulher.

As relações se esgotam em um torpedo.

No primeiro empecilho, troca-se de par, troca-se de casa, troca-se de rosto, troca-se de roupa, troca-se de ideologia.

Se ela não está a fim de mim, digo azar e não procuro a sorte.

Onde estão os obsessivos?

Onde estão os fiéis?

Onde estão os que acreditam tanto na dúvida que a transformam em confiança?

Involuntariamente, a psicanálise nos liberou a errar sem temor, a agredir sem dó, a fazer o que der na telha sem temer as consequências.

Com uma terapia uma vez por semana, pode-se quebrar as regras nos demais dias e empilhar o constrangimento no lixo.

Tudo é válido, nada mais é proibido, nada mais escandaliza ou merece censura.

Mergulhados na ausência mórbida de opinião, já que não se pode reprovar coisa alguma, não se escolhe, não se renuncia. Condenados à felicidade, como se ela fosse um direito constitucional.

É obrigatório gozar, é obrigatório estar acompanhado, é obrigatório ser feliz, é obrigatório emagrecer.

Quanta pressão e coerção por todos os lados.

Não consigo manter a espontaneidade sendo cobrado.

Imagina uma mulher confessar numa roda de amigos que não teve sequer um orgasmo? "Mas como?", vão revidar. "Em que mundo você vive?"

O que devia ser uma conquista tornou-se uma culpa.

E o que acontecerá? Haverá mais gente fingindo do que procurando a autenticidade.

A pressa elimina o ritmo afetivo de cada um.

Não suporto a felicidade como uma imposição, muito menos o gozo ou a euforia.

A satisfação pessoal não depende de mim, mas da capacidade de sair de mim.

Dependo de quem amo e não me diminuo em dizer isso.

Não existe arrebatamento sem idealização, mesmo que o sofrimento venha com o pacote.

Cair, ao menos, me cura da vertigem.

Sexo com amor, política com amor, ética com amor, amizade com amor, tudo isso é bem melhor. E natural.

Ainda que demore, durará mais do que uma mentira.

CONTRA A FALSA SINCERIDADE

Não desejo que seja sincera. Você pode mentir. Você pode inventar. Você pode deixar de dizer. Não ficarei magoado.

Nunca ouvi coisa boa quando alguém foi sincero comigo. Nunca ouvi uma declaração de amor. Uma declaração de fé. Uma declaração de confiança.

Com a sinceridade, suportei despedidas, críticas e desaforos. Fui demitido ou avisado do fim do namoro. Não fui promovido, abençoado. Não me ressuscitaram com a sinceridade.

Não recebi pedido de casamento. Não me salvaram com a sinceridade. Não me resgataram com a sinceridade. Não tiveram pena, compaixão, compreensão com a sinceridade.

Ser sincero é uma condição que traz unicamente cobrança, ajuste, saldo.

"Posso ser sincera?" é sinônimo de "aguente sem gritar". Expressa arrogância. Sou contra a catarse de falar para ocupar espaço.

Falar para exorcizar, para esvaziar a consciência. Dane-se a consciência!

Não me alivia falar. Não me alivia jogar para fora. Demoro-me porque pretendo jogar para dentro. Criar raízes nos seios.

Ser sincero é afastar, repelir, é maldade comportada.

Prefiro um ódio selvagem a um ódio civilizado. Um ódio civilizado é rancor. É recalque. Recuso o rancor. Recuso o que finge espontaneidade.

Essa franqueza não ensina, machuca. Essa franqueza debocha. Tiraniza.

Não seja sincera comigo. Não me faça sofrer em nome da honestidade. Esta nada tem a ver com isso.

Que me engane com promessas. Que me prometa o que não fará. Que me prometa, mesmo que não confie. Que me prometa como forma de começar a confiar.

Guarde um pouco de você para depois. Deixe eu idealizar. Não me conte tudo. Deixe eu intuir. Não me conte tudo.

Não estou exigindo que fale mal de mim pelas costas, mas que também não seja pela frente. Que tal de lado?

Falar o que se pensa não é falar o que se deseja. Não quero saber de transparência na relação. Não conheço alguém que tenha sido franco para proteger, para cuidar, para acariciar.

Desde quando se pede licença para bater? Não dou licença, não permito a sinceridade que seja violência, tiro os óculos apenas para beijar.

Não me diga o que pensa. Em sua sinceridade, não encontrarei opiniões agradáveis. O que vem à cabeça não é a cabeça. Não seja sincera comigo. Pode ser sincera consigo, com os outros, com os pais, com os amigos; comigo não. Não pedi sinceridade, pedi amor.

O amor não está nem aí para o que acreditamos e deixamos de acreditar. Ele acontece, apesar de nós.

"EU TAMBÉM"

Estou escrevendo aqui pensando na mulher, sentada no trem, enquanto colocava seus óculos para tossir. Não entendia os motivos de seus curiosos movimentos em alçar o par de garrafas para a sua gripe.

Os óculos são algemas dos olhos. Cão que nos faz ver o que, na verdade, não precisamos enxergar.

Mas eu queria dizer outra coisa: que vivemos em tempos tão lacônicos que respondemos quase tudo com "eu também".

É assim: "Eu te amo", que logo é completado com "Eu também"; alguém diz que gosta de "comida japonesa", e replica-se "eu também".

"Eu também" não é uma afirmação, e sim uma fuga, uma incerteza educada, que cabe em qualquer contexto e não diz nada, não incrimina ninguém, não confessa ou se expressa.

"Eu também" não significa "eu te amo", não significa "eu gosto de comida japonesa"; significa um sim de quem não está escutando, um "é verdade" de quem pensa em outras urgências.

Em situações de trabalho, quando todos se divertem em ouvir as suas conversas telefônicas, é claro que falar "eu também" é uma forma de se salvar da comédia de afirmar a sentença "eu te amo", quando todos vão rir e cair em cima.

Mas será que não estamos exagerando e deixando os amores entre lacunas, com medo de nos comprometermos?

A falta de palavras não deixa de ser uma palavra.

SEI

Sei que você coça o cotovelo quando fica nervosa. Sei que levanta as sobrancelhas ao sentir ciúme. Sei que pinta as unhas de cor escura quando está excitada. Sei que ajeita os cabelos nas orelhas para despertar. Sei que, ao receber um beijo, diz "para" porque deseja que continue. Sei que repete uma frase do filho pequeno para perdoar a minha ausência. Sei que somente deita sem usar as cobertas para me esperar. Sei que usa anéis para não deixar a aliança sozinha. Sei que baixa o olhar para que eu pergunte o que foi. Sei que não gosta de chavear a porta. Sei que toma banho sentada para alisar as pernas da tristeza. Sei que o pescoço é o seu ponto fraco. Sei de sua vaidade ao receber convites inesperados. Sei que adora ser abraçada de costas. Sei que dança com os olhos fechados para suportar os meus olhos por dentro. Sei que usa saia para lembrar da infância. Sei que corta a respiração para que apanhe com a boca. Sei que a sua raiva passa depois de chorar. Sei que, depois de chorar, refaz o batom. Sei que seu riso nunca abafa o meu. Sei que toma um gole de vinho para dois goles de água. Sei que não falará até a segunda garfada. Sei que prefere a cadeira da direita na cozinha, o lado esquerdo do meu corpo. Sei que demora para contar os seus problemas na conta. Sei que não troca lâmpadas, mas segura a escada. Sei que tem medo de altura. Sei que fuma para lembrar da agenda. Sei que me provoca até me irritar. Sei que depois me acalma para provocar de novo. Sei que canta no carro para me dar um rumo. Sei que aperta a minha palma, encaixando os dedos. Sei que grita quando a comida perde o ponto. Sei que adora dormir no sábado à tarde. Sei que odeia que eu roube os seus chinelos de perto da cama. Sei que só dorme com as portas do armário fechadas. Sei que liga o ar-condicionado para fingir inverno. Sei que extravia os óculos de sol no porta-luvas do carro. Sei que acorda devagar, mal-humorada. Sei que prefere as mesas perto das janelas dos restaurantes. Sei que não deixa de espiar a própria silhueta na vitrine espelhada. Sei que o provador das lojas é a sua balança. Sei que gostaria de visitar a mãe mais vezes por semana. Sei que gostaria de ter mais amigos para não depender de mim. Sei que o gosto da fruta melhora com os dentes. Sei que segura seus seios como se fossem minhas mãos. Sei que não é de hoje que amamos tanto o que nunca declaramos.

O FIM DA LINHA É O COMEÇO DA MÃO

Amo não terminar de começar. Já me separei várias vezes da minha mulher. Vivo me separando. Experimento aquelas brigas do final de noite, em que o choro se mistura à confusão. A voz se levanta como uma campainha, e nenhuma palavra pousa.

Sou passional e não nego.

Não é tanto o ciúme; é a vontade de se aproximar de qualquer jeito, de provocar mais amor.

Desconfio de quem resolve os problemas pela conversa, sereno, compassivo, com a calma de um obituário distante.

Amar é comprar fiado; um dia seremos cobrados. Um dia teremos que devolver o corpo. Um dia as marcas das unhas nos braços voltarão a sangrar.

A morte é muito longa para separar.

É a vida que separa. O excesso de vida.

Um armário, uma estante, um coração nunca serão suficientemente altos como uma escada.

O teto é o chão das lagartixas.

Na briga, os casais são lagartixas que se escondem da luz, atrás do porta-retratos.

Casais brigam para descobrir onde estão as fronteiras.

Casais brigam para renovar os votos.

Casais brigam para se comover. Reclinar, declinar. Repelir, retornar.

Já fiz as malas, já desfiz as malas, as lentas horas da madrugada nas quais os dois se olham com medo e paciência.

A vigília pelo próximo vocábulo. A vigília da mímica.

Será que acabou?

Será que iniciou?

Ela pode sair correndo e telefonar apaziguada.

Pode sair correndo e ser alcançada no corredor.

Pode sair correndo, estando parada.

Todo o andar fechado para a discussão.

"Fala mais baixo, o filho dorme."

Ninguém mais em casa para apartar.

A intimidade é atrito, é estourar, é explodir, é não deixar para depois.

A altivez do sussurro, as chaves na mão, as chaves fora da mão.

A porta do banheiro trancada, o homem se agachando como um carteiro.

A porta do banheiro aberta, o chuveiro ligado para disfarçar o ócio do rosto. O ódio do rosto. O formigamento dos pés.

Não se briga de meias. O casal estará de pés descalços ou de sapatos, não entendo o porquê.

Lembranças vencidas voltam, conservas de lembranças vencidas são abertas.

A briga é a memória do casal — o rancor não faz esquecer coisa alguma. O rancor é uma coruja.

Ambos se ameaçam, se censuram, se ferem com sinais e ofensas.

As sobrancelhas se deitam como aves inconsoláveis.

A cama vazia como um túmulo, sem as flores acesas do abajur.

Tem certeza disso? Tem certeza disso?

Não há rotina quando se ama, mas a aventura de um copo contra a parede. Logo aquele copo de cristal. Não se escolhe um copo de requeijão para se estilhaçar na parede; arremessa-se sempre o mais caro.

Depois varre-se em silêncio os cabelos do copo. E o outro logo se aproxima para ajudar com a pá.

A brasa quase extinta é enrubescida pelo vento.

Ao varrer juntos, já estamos casados novamente.

AMARRE MEU CORAÇÃO
NA PRIMEIRA ÁRVORE

Qual das traições é a pior? Trair um sentimento ou um desejo? Trair o que foi vivido ou o que será vivido? Trair a vida do casal ou a sua vida?

Como avaliar o que será perfeito dentro de 2 ou 10 anos?

Como apontar que aquilo será melhor, se o melhor ainda aguarda a invenção?

Como adivinhar se uma relação dará certo sem estar nela ou sair dela?

Como escolher entre dois amores, se não é concedida a chance de escolher entre duas mortes ou dois nascimentos? De que adianta ser objetivo se o que menos emociona é a objetividade?

O cotidiano é feito de baques, dificultando diferenciar o desespero de viver da alegria.

Quando optamos, nunca conseguiremos desvendar se foi a definição errada, pois recordar é não deixar de alterar o passado.

Nunca conseguiremos desvendar se foi a definição adequada, já que estaremos sempre insatisfeitos.

Opinamos sobre a paixão alheia com prudência, até que aconteça conosco. Daí perdemos a idealização e o descompromisso. Não terá nenhum valor o que aprendemos nas apostilas.

Buscamos que lealdade no amor, a de soltar o braço em torno do pescoço dela ou a da calma ancestral de sentar de mãos dadas no fundo do lotação?

Ou descobrir uma cicatriz de infância debaixo do queixo?

Ou ir ao cinema para encurvar os ombros?

Ou apertar o braço dela ao percorrer a rua e a noite?

Ou ser uma criança com desaforos adultos?

Ou um adulto com elogios infantis?

Ou estalar beijos nos ouvidos?

Ou acumular a lã e a luz no umbigo?

Ou observar as telhas como pelego de estrelas?

Ou assobiar o bico da garrafa, transformando o vinho que resta em sopro?

Buscamos que lealdade, senão a de se aproximar e não pensar? Deixar que o tempo ceda espaço para o tempo da linguagem e que a carne seja metade da fruta na boca.

O amor não é segurança; todos nós procuramos o nervosismo.

Ao amar, ficamos fragmentados, e não divididos. Dividido é um homem ainda muito inteiro.

Na indecisão amorosa entre duas pessoas, ficamos tão sensíveis que entramos em um estado de insensibilidade. Não reagimos, demoramos o olhar no talher, demoramos a ouvir.

Algo como sentar na antessala da voz para folhear revistas.

O fluxo emocional é maior do que a possibilidade de comunicá-lo. Flutuamos como se o mundo ainda estivesse ensaiando antes de amanhecer.

A vontade é descer na primeira praia para arrastar com preguiça a rede dos pés na areia.

Sem coragem de falar e pender para uma direção, o jeito é esperar a espuma, um sinal, um aviso, e torcer para que os peixes sejam mais fortes do que nós e arrebentem as cordas.

O PRIMEIRO BEIJO

Beija-se pelo primeiro beijo, mas o primeiro beijo não existe. Não há como dizer como foi o primeiro beijo se o beijo não se contenta em acabar.

O primeiro beijo é tão somente a fome do segundo, o desejo da sequência.

Já se está no terceiro beijo enquanto se pensa no primeiro.

Já se está no quarto beijo, no quinto beijo, e o primeiro beijo não terminou.

Já se está no sexto beijo, no sétimo beijo, e o primeiro beijo nem começou.

O beijo é sempre o primeiro beijo, mesmo que seja o último.

O primeiro beijo não é pedido.

O primeiro beijo é roubar um beijo roubado, beijar o roubo do beijo.

O primeiro beijo não é o beijo de delação, é o beijo dos cuidados, o beijo em que a própria boca, enfim, redime seu gosto de infância.

O primeiro beijo é o gomo de um rio, o gomo verde de um rio.

O primeiro beijo tem uma raiva suave, é um desaforo de ternura. Quando o grito pede para sair e fica.

O primeiro beijo é alisar a fruta no algodão, dar uma volta na quadra da semente e não arrancar o sumo.

O primeiro beijo demora a sarar, depende de outros beijos.

O primeiro beijo tem o mesmo sangue que corre nos olhos.

O primeiro beijo é indeciso, sopra e não sela. Abre cartas e não fecha. Só respiração, sem dentes.

O primeiro beijo não morde, não raspa, não modifica a madeira, pousa como esponja, repousa de pé.

O primeiro beijo anda para trás para retomar o livro.

O primeiro beijo perde a contagem de beijos.

O primeiro beijo é ganhar uma voz sem perder a que havia.

O primeiro beijo muda de timbre a lembrança, é o marcador de página dos beijos.

O primeiro beijo é uma distração das mãos.

Enquanto se beija não se percebe que se beija, é como estender o braço com a língua.

O primeiro beijo escapou e ninguém viu, voltou e ninguém notou. É passear fora do corpo e estranhar as pernas.

O primeiro beijo é mais íntimo do que qualquer nudez.

O primeiro beijo é a nudez perdoada.

O primeiro beijo é segurar o pescoço como uma janela.

O primeiro beijo é o rosto que se beija dentro dos lábios.

O primeiro beijo é dormir entre os dedos.

O primeiro beijo vai beijando a memória enquanto se esquece.

O primeiro beijo é nunca mais se distanciar do primeiro beijo.

O primeiro beijo é uma despedida que não se acredita. Um início que se duvida.

Depois do primeiro beijo, todo beijo será o primeiro.

INDECISÃO

Ele reza toda noite para encontrar outra mulher. Não é força de expressão. Tudo para esquecer alguém que sequer diz sim ou não, que não descarta a possibilidade, muito menos assegura certezas.

Ele tem namorada.

Ela tem namorado.

Há três anos se amam em segredo e explodem quando juntos e esfriam quando separados.

Não mudam de vida.

Ele já arriscou completamente: ficou solteiro, se distanciou dela, avisou que não mais se encontrariam e não houve jeito de convencê-la.

Mas ao receber uma mensagem dela no celular, ele corre para tentar de novo.

E tenta como se fosse a primeira vez.

E tenta como se fosse a última vez.

Por fora, já desistiu.

Por dentro, sempre descobre alguma desculpa para recomeçar.

Ele não se sente vivo para fazer mais do que isso.

Ele não se sente morto para desistir.

Perdeu a confiança ao longo do período. Não entende o que o impede de ser feliz com ela.

Em si, não estão as respostas. Em si, está a falta de respostas.

"O que fazer?", ele se pergunta.

A vida costuma troçar dos indefinidos.

O natural é que nem ela nem ele fiquem um com outro e com seus respectivos pares. Cada um partirá para uma terceira opção.

Porém, não se pode recorrer a cálculos genéricos quando se trata de amor. Amor é trabalho.

Pode-se conquistar por simpatia e carisma em fração de segundos, mas para viver junto são necessárias uma longa persistência e vontade.

Amar não é um dever, e sim um direito. Quando se torna dever nasce a cobrança, a rotina e a dependência.

Ela tem o direito de escolher — o que não está fazendo —, ainda que seja errado.

Ele se questiona: "Pode ser afirmação pessoal?"

Sim, não há paixão que não seja também amor-próprio. Elegemos para amar quem precisamos ser.

Ao mesmo tempo, devemos tomar cuidado para não confundirmos amor com obsessão. A obsessão não inclui a generosidade. É egoísta, quer apenas o par para servir a seus propósitos e envaidecer as suas opiniões.

A situação dele está no limite entre a repulsa e a atração.

Hoje, mesmo sendo o amante, é ele que se vê traído e não suporta imaginar o que ela faz sem ele.

Não percebe uma recompensa pela sua dedicação, ainda que tenha a consciência de que o amor não traz recompensa, não é seguro de vida.

O impasse dos dois é que nunca se doaram por inteiro, para ver se realmente são complementares.

São metades cômodas se desperdiçando e se consolando.

Eu não conviveria com essa dúvida de que poderia dar certo e não deu. Viver durante décadas com a sensação de que não se foi até o fundo.

Ele reza toda noite para encontrar outra mulher.

Constatou que não adianta rezar contra ela. Ela é a sua religião.

NOJO

Não sou enjoado, mas há algo que não suporto: casal que se diverte espremendo espinhas.

Não sou enjoado, mas não aguento esse fliperama nas costas. A namorada estourando as inflamações com ânimo alterado. Catando uma por uma das bolinhas com a severidade de um corregedor da pele. E ainda festejando cada explosão. Narrando cada explosão. Comentando cada explosão.

Espremer espinhas nas costas não é sensual, não é caridoso, não é um momento para se valer no futuro, para contar aos filhos, para subornar no jantar.

Espremer espinhas indica uma compulsão materna, de adotar o que deveria ser o namorado. Só falta cortar as unhas dele.

Para quê? Não sei.

Será que emociona? Não é acupuntura, não é massagem; é caça e depredação.

O casal está no parque, estirado ao sol, lagarteando. Em vez de beijar com o vagar das árvores, a namorada se debruça no namorado, se insinua a escrever com apoio das costas e inicia a depuração. Dá-lhe fincar as pontas! As mãos se transformam em esporas, tesouras, punhais. O namorado não nota, porém vira um cavalo na hora, para não dizer outro quadrúpede.

Espremer espinhas é viciante como brincadeiras no celular, paciência no computador. Pode vir com uma cartela de pontuação: dez espinhas estouradas valem uma máscara facial; vinte espinhas, e se ganha um jogo completo de maquiagem. Funciona com regras de um jogo, assim como tem gente que se diverte com corrida de cachorros ou briga de galo.

Espremer espinhas não é excitante, não é uma aventura, não traz conforto e ideia de afeto.

Espremer espinha é somente espremer espinha. Não há metafísica, poesia, arroubo no gesto. É uma atitude individual, assim como limpar os ouvidos, aparar a barba ou depilar as pernas.

Essa história de não ter nojo para nada não ajuda o relacionamento. Quem é muito maduro já apodreceu.

É bom manter nojo de alguma coisa, seja de barata, seja de mosca, seja de espremer espinha.

O CREPÚSCULO TEM
FOLHAS VERDES

Minha amiga quer saber o que deve fazer para exercitar a liberdade por dentro. Eu digo que não precisamos de liberdade.

A única liberdade que eu conheço é o amor. E este nos faz tão rentes, estreitos e com pensamentos repetitivos, obsessivos, que mais lembram um confinamento da boca.

Há atitudes na vida impossíveis de se alterar porque são intuitivas, primitivas, originárias.

Uma criança com febre vai querer permanecer próxima da mãe, não do pai, por mais que ele seja generoso e participativo.

Não queremos a soltura, mas o entrelaçamento, algo que nos arranque de nossa independência. Algo que a gente não explique e aumente a queimadura.

Passei a vida precisando me explicar quando o que mais desejo é viver sem explicação.

Prefiro perder a cabeça para ganhar o corpo.

Quando se ama, entra-se no processo de audição seletiva. Só se escuta a própria voz ou os outros quando repetem o que pretendemos escutar.

As mãos chovem nas calhas dos lábios.

O pássaro é um fruto que voa. Ele voa para não apodrecer sozinho.

Há cidades que o vento escolhe para envelhecer. Há cidades que são asilos de ventos.

Eu quero envelhecer ardendo. O sol parando o gomo.

Ser completado pelo solo.

TAMPO DE VIDRO

Fui trocar o gás de cozinha, e o entregador constatou o vencimento da mangueira. Disse que estava vazando e já fazia mais de cinco anos que não era trocada.

"Certo", falei, "vamos lá."

Não corro o risco do pior depois de pensar o pior. Gás e crianças não são bons amigos.

O cara ficou repondo a peça enquanto eu arrumava a pasta de escola do meu filho na sala. Até que escuto um estouro de boiada na cozinha. Sim, o entregador foi se apoiar no vidro do fogão e espatifou o tampo.

Começa, então, a romaria: minha mulher liga para dezenas de lojas de ferragens, vidraçarias e fornecedores à cata de um tampo de fogão.

"Não há desse modelo!", "É melhor trocar de fogão", "Não sei quem faz" foram algumas das frases ouvidas.

O fogão está funcionando normalmente, atende com eficiência, mas me recomendam trocá-lo porque não se fabricam mais tampos de vidro.

Convenhamos. Vender o certo pelo detalhe.

O pior é que muitos encontram nisso o motivo de trocar um aparelho, pois não o suportam sem o seu tampo. Olham-no e só se lembram de que havia um vidro brilhando decorado por um pano de prato florido, onde podiam escorrer os copos e o sol piscar. Não olham o que dá certo. Olham o que falta.

Nos relacionamentos é a mesmíssima coisa. Todos têm um tampo de vidro em sua vida.

Tantos são os que findam um romance porque o tampo de vidro quebrou.

Não quero julgar, eu gostava do tampo de vidro. Mas passei a gostar do tampo de vidro depois que ele quebrou.

Antes, nem cogitava que poderia quebrar ou que existia. Um ciúme bobo, uma teimosia à toa, uma briga sem finalidade, o excesso de pressão provocam o rompimento do tampo.

E que atitude tomar? Praguejar que o passado do fogão, o passado do par, foi uma droga? Mentir, disfarçar, convencer-se de que o fogão é deficiente e colocar fora, de que a memória é deficiente e comprar outra?

A obsessão pelo capricho estraga a verdade.

A verdade é imperfeita, de vez em quando nem toma banho e ainda assim encanta.

Fazer a casa pela aparência não significa residir nela.

Reclama-se da rotina, porém defende-se a rotina arduamente. Se alguma coisa sai fora do lugar, da ordem, do previsto, há o escândalo para defendê-la. Não é um contrassenso?

Admiro agora o meu fogão, as seis bocas sorrindo sem o tampo. O fogo amadureceu para falar.

PARA SE PRIVAR
DO INVISÍVEL

Não é preciso ter uma razão para cantar. Para dar ao corpo uma manhã mais tarde, uma noite mais úmida. Para decorar a letra tremida da carne.

Canta-se como uma telha solta do telhado, para se confessar de alegria.

Canta-se para não dizer tudo o que resta a dizer. Para não ser dito o que não cabe, para que sejam lidas as lâmpadas.

Canta-se para confundir o pão e os insetos, as mãos e os seios, os joelhos e a ladeira da chuva.

Canta-se para não dormir durante a leitura. Para roçar um vestido. Para se privar do invisível.

Canta-se para não assentar o fundo, para retardar o caminho de regresso.

Canta-se para amar o que ainda nem nasceu, para interromper uma recordação triste.

Canta-se ainda que sem voz afinada, sem apetite.

Canta-se como uma poeira luminosa que sobe dos tapetes e que só é vista na infância ou quando se canta.

Canta-se com o relógio de árvore. Com as ervas mastigadas pelas águas, pela extensão dos cabelos.

Canta-se pelo silêncio crespo das uvas, pelas pedras onduladas, para subir escadas.

Canta-se para ultrapassar a mágoa, para não ter motivos.

Canta-se para confundir a confiança e a carícia, injuriar com um beijo.

Canta-se para arrumar os ombros, ajeitar a gola, subir na grama.

Canta-se para alimentar o que não é letra. Para despedir-se do começo.

Canta-se para viver no mesmo dia dos lábios. Pela falta de equilíbrio dos segredos.

Canta-se para persistir quando era o momento de se apagar.

Canta-se para convencer o passado de que ele ainda não imaginou o suficiente.

Canta-se para respirar mesmo sem ar. Para respirar debaixo de um corpo.

UMA HISTÓRIA DE AMOR

As histórias de amor estão onde menos esperamos. Podem estar atrás de um porta-retrato ou de um pingente de coração, de um telefone na carteira ou de uma chave avulsa.

Converse mais do que um cumprimento com um desconhecido e ele achará um jeito de falar de uma paixão explícita ou implícita, resolvida ou inacabada. Na terceira pergunta, puxará a conversa para o lado do pulso, do batimento cardíaco.

Carla, a cabeleireira, descobriu uma paixão em uma festa.

Eles ficaram se observando a noite inteira.

Nenhum dos dois atravessou a pista para puxar conversa.

Três horas fingindo prestar atenção no papo dos amigos e das amigas enquanto se vigiavam.

Nada beberam para não sacrificar a espontaneidade.

No final, ele tomou a iniciativa. Pediu um beijo de cara, para tornar tudo mais fácil depois.

Ela não quis.

Ele disse que ela era uma mulher difícil.

Ela disse que era uma mulher normal.

Ele disse que as mulheres normais são difíceis. Ou que as mulheres difíceis são as normais.

Dançaram uma ou duas músicas juntos.

Ela já estava saindo de carona. Era tarde.

Eles se abraçaram.

Ela tremeu no abraço. Foi o equivalente a uma descarga elétrica.

Ele a segurou nos ossos. Não na carne. Segurou nos ossos. Não nos ossos dela. Ele a segurou nos ossos dele.

Não aconteceu despedida. Ele prometeu passar qualquer dia no salão.

Qualquer dia é todo dia para Carla. Ela controla a sua agenda para verificar se o nome dele não entra. Ansiosa, de meia em meia hora.

Quantos nomes iguais já passaram por ela que não eram ele?

E sempre a expectativa da cara do nome na fresta do biombo. Ela controla a porta para ver se ele não surge.

Ela prende as mechas para mostrar o pescoço.

Ela corta e massageia os cabelos dos clientes pensando que está lavando os dele.

Distraída com o atraso. Distraída com um compromisso aberto para toda a vida.

Ela apenas queria tocar nos cabelos dele como se fosse barba, para o pelo crescer no minuto seguinte e ela recomeçar. Como se fosse boca para não deixá-lo falar, a não ser em sua boca. Mexer os dedos com rapidez, com agilidade de joelhos correndo. Mexer os dedos com a navalha que está escondida na tesoura e que só ela conhece.

Ela fecha os olhos e imagina que a primeira noite não terminou, não começou, não existiu, para ser repetida.

Não há como recolher os fios castanhos que ainda não foram cortados.

Quem ler essa história julgará muito pouco, muito escasso, muito fugaz o encontro para acreditar em um amor.

Foram um abraço, frases desarticuladas e uma promessa.

Mas o amor trata de imaginar o resto.

O amor é o resto.

O AMOR É PREVISÍVEL

As mulheres reclamam que os homens não são imprevisíveis. Deveriam reclamar que os homens não são previsíveis.

Falta previsibilidade nesta vida. Pode soar estranho, mas o amor é previsível, ele quer ser previsível, ele faz tudo que é loucura para depois ser previsível.

O homem sempre recebe sinais para ser previsível.

É só reparar no vestido que ela mexeu, experimentou e não comprou na loja. Ela chegou a soletrar seu tamanho para ele. Chegou a deixar separado por 24 horas.

Se ele der de presente a peça, ela dirá com a maior das espontaneidades: "Que surpresa."

Mas vai dizer que não foi previsível?

Se ele não comprar, ela ficará reclamando que ele não é imprevisível, apesar de ter sido.

Inverta os personagens, e o mesmo acontece.

O homem escolhe o que gosta e desiste da compra no balcão.

Uma mulher atenta não deixará a pergunta sem resposta.

A previsibilidade não é negativa. Assim como a rotina não corresponde ao tédio. Os casais quase se matam de ânsia, quase se suicidam, gritam em público, perdem o pudor, transam em parque ou em banheiro público, alucinam com palavras durante a noite, por um único motivo: para estar um dia lado a lado, de chinelos e abrigo, abençoados pela quietude da compreensão.

Com a certeza de terem feito o máximo para ficarem juntos. O que a paixão almeja é a sua aposentadoria. Transformar-se em respeito sensual, em amizade sensual, em intimidade.

Não é a mudança repentina de hábitos, não é o zoológico das vontades; a previsibilidade é que é deliciosa.

Insinua que agiu como ela esperava. Insinua que o homem teve a capacidade de leitura, de se importar com o que ela aguardava para cumprir linha por linha da caligrafia dos lábios. Insinua que a expectativa foi saciada e se tornou esperança. Insinua que os dois se entendem perfeitamente, que um busca agradar ao outro, sem parar muito tempo diante do espelho na sala de estar.

A xícara de café com um pouco de leite de manhã, o sexo na sesta, o cinema no final de quarta, a leitura de jornais por cadernos, a mão desviando dos farelos da mesa para segurar a mão dela, o abraço de lado, o beijo soprado são previsíveis.

É possível saber a hora exata da cena. Saber antes não diminui a intensidade. Até aumenta.

Nada como amar em dobro, na espera e na confirmação.

MINHA AMIGA

Você escreveu: "Não consigo viver a minha vida, estou muito assustada."
Mordo hortelã para saber qual será o sabor do seu dia.
Você não se acostumou com os sustos da vida. A alegria parte de um susto.
Você me escreveu como uma criança que sacrifica algo que nem começou.
Pensa que a sua história está terminando.
Pensa que não haverá amor em sua volta, que andará como um fantasma disciplinado a não chamar a atenção.
Imaginamos sempre o mais difícil porque não reagimos com simpatia ao fácil.
Você não quer o fácil.
Quer o simples.
Quer conversar sem ser coagida, avaliada, classificada.
Quer um pouco mais de compreensão e menos isolamento.
Eu entendo você, mas não alivio. Está tão acostumada a mergulhar em seu sofrimento, que perdeu o lugar onde dói.
Talvez o que doa esteja fora e você nem reparou.

Estude menos as suas dores.

O vento nasce espora.

Meu avô, como eu, também sofria de asma.

Um dia ele me disse: "Na falta de ar, toda fresta é janela."

Que você use agora as frestas para respirar. Depois procure a trava do vidro; em seguida, o trinco da porta; e, por último, a cintura do corpo.

Envaideça a pele com seda, a inundação da seda. Suas roupas cheiram a maçãs.

Ultrapasse o vaivém da invisibilidade em sua casa.

Não caia na armadilha da pena ou da autopiedade.

Não procure motivos para se explicar.

Não se sinta menor pela timidez ou por não entender o que sente.

Deixe o dia passar por você como um estranho, mas não seja uma estranha a passar pelos dias.

A pedra é escura por fora, mas clara por dentro.

Encha a boca com o seu gosto, como quem beija a própria boca.

O vento nasce da espera.

NO MESMO LUGAR

Continuo no mesmo endereço. Continuo com os olhos caídos. Continuo com a respiração cortada por suspiros. Continuo tomando uísque em copo baixo com duas pedras de gelo. Continuo indo até a fruteira às 9h. Continuo mexendo minhas pernas debaixo da mesa. Continuo levando meu filho à escola. Continuo na mesma rua. Continuo com quatro pares de sapatos. Continuo lendo três livros ao mesmo tempo. Continuo no mesmo bairro. Continuo com a caneta no bolso esquerdo. Continuo escolhendo os caminhos mais longos. Continuo contando relâmpagos. Continuo sentando na mala antes de fechar. Continuo medindo a estrada com os cadarços soltos. Continuo tendo mais projetos do que fama. Continuo com o mesmo CPF. Continuo planejando viagens. Continuo sofrendo com antecedência. Continuo com esperança. Continuo apaixonado por antiquário. Continuo jogando paciência com o ventilador. Continuo entendendo você. Amar é se fazer entender. Não vou dificultar as coisas, continuo escutando você. Continuo permitindo você falar. Continuo cedendo o assento para idosos. Continuo com o mesmo CEP. Continuo com a mala de couro marrom, a pequena agenda e uma pasta de escritos. Continuo bebendo café forte, sem açúcar. Continuo fulminado de compaixão por vira-latas. Continuo a atravessar sinal fechado de madrugada. Continuo a receber multas. Continuo a cantar no carro. Continuo sem achar meus óculos de sol. Continuo dormindo nu. Continuo escolhendo as últimas poltronas do ônibus. Continuo escondido nas fileiras do meio do cinema. Continuo vidrado naquilo que ficou a dizer. Continuo chegando atrasado ao teatro. Continuo a tocar minha orelha como se faltasse seu brinco. Continuo a ressecar minha boca. Continuo a observar as vitrines de roupas femininas. Continuo conversando com os garçons. Continuo a ajeitar os cabelos na concha dos ouvidos. Continuo a barganhar descontos. Continuo a odiar a água parada debaixo do sabonete. Continuo a ser puxado pelo vento. Continuo a caçar discos voadores entre as estrelas. Continuo provocando. Continuo com o mesmo cartão de crédito. Continuo no mesmo emprego. Continuo sem dinheiro. Continuo a guardar os recortes dos shows que não irei. Continuo desistindo de você para voltar em seguida. Continuo com o desvio de septo. Continuo em fossa. Continuo cavando fosso nas gavetas. Continuo a procurar sinais. Continuo a fugir das fotos. Continuo aguardando as férias. Continuo trabalhando de tarde. Continuo mordendo os travesseiros. Continuo com pintas no braço. Continuo escrevendo livros. Continuo frequentando o balcão para solteiros dos bares. Continuo a atravessar a praça. Continuo a esquecer de entregar os filmes na locadora. Continuo com o mesmo telefone. Continuo cortando as unhas depois de roê-las.

Continuo fumando. Continuo com a etiqueta do lado de fora das camisas. Continuo usando a carteira na calça jeans. Continuo saindo com meias trocadas. Continuo fracassando nas promessas. Continuo imobilizado.

Deixo tudo no mesmo lugar para facilitar que você volte ou venha me encontrar.

Não existe como andar de mãos dadas se partirmos em direções contrárias.

AMOR PERFEITO

Namoros e romances interrompidos provocam uma irritante pergunta anos depois: "Como seria a minha vida se tivéssemos ficado juntos?" Novos relacionamentos não apagam a lembrança interrogativa. A marca. O número do telefone na agenda. A ausência de uma última chance. A esperança de um encontro acidental.

O amor não se encerra, se abandona.

Quanto maior a chance de vingar o amor, mais se cria um jeito de interrompê-lo.

São detalhes bobos e tremendamente ridículos que costumam separar.

Um pouco de esforço, um pouco de paciência, e nada teria acontecido.

O orgulho é um péssimo confidente e não deixa voltar atrás.

O que é forte perturba, não acalma.

Não conversei até esse momento com nenhum apaixonado com a cabeça no lugar. Todos estão sem cabeça e uma boca imensa a murmurar sozinha.

Assim como os separados têm suas razões, e concordo com os dois lados.

Mas por que os separados têm tanta necessidade de explicar o fim do namoro ou do casamento? A gente só explica o que não conseguiu entender.

Minha culpa é explicativa; minha confiança é lacônica.

O amor que tinha tudo para ser ideal — e não foi — sofre do "passado do umbigo".

O passado do umbigo é acreditar que a época mais feliz já aconteceu entre os dois e não há maneira de repeti-la. Concordo: não há como repeti-la.

Só que o passado do umbigo não permite que a felicidade cresça de outra forma, diferente da circunstância anterior.

A mínima mudança de repertório, e ambos ficam chateados. Se mudaram de emprego, mudaram de ideias, mudaram de rotina. Por que não podem mudar a forma de amar?

Termina-se prisioneiro do início da relação e não se busca favorecer a diferença, e sim insistir, em grau da chatice máxima, com a semelhança.

Outro sintoma que enfraquece o amor é a aparência diante dos colegas e conhecidos.

Quando o par escuta: "Vocês formam um casal perfeito", cuidado!, esse elogio é perigoso. "O que queremos?" assume a condição deturpada de "o que eles vão pensar?".

O casal passa a viver mais para fora do que para dentro de casa. A expectativa dos outros contamina a pureza do trato, do convívio, a solidão de raríssimas estrelas e terra escura.

Namorar assume o despropósito de desfilar.

Há tanta gente metendo o bedelho na história que o par não consegue escutar suas vozes e vontades.

Casal perfeito é o que se separou alguma vez para voltar mais sereno e apaixonado.

MANDRAKE!

Não existe preparação para amar. Mesmo que eu decore as posições do Kama Sutra, na hora a minha perna vai faltar com a palavra.

Não existe roteiro.

Não compreendi por que guardo manuais de instruções de geladeira, carro, liquidificador, som. São totalmente dispensáveis.

A primeira vez que peguei uma ave com as mãos, levei um tremendo susto. Fiquei em pânico, com medo de apertar demais e machucar o bicho ou afrouxar as asas e ela voar.

Na vida, fala-se do meio-termo. Conseguir o meio-termo é uma bronca.

Nas corridas da escola, dava um pique desgraçado no início, dominava a corrida até a metade e depois via os colegas me abanando em cada ultrapassagem.

Controlar, suportar e esperar não combinam comigo.

Sempre dormi ao fazer ioga. É muito confortável o vazio espiritual.

Se careço de um parafuso a menos, deve ser justamente o ponto de equilíbrio.

Ao perguntarem se desejo primeiro a boa ou a má notícia, peço a boa. Na segunda, já não estou mais ali.

O amor é a arte da hesitação mais do que da excitação.

Cama é carma.

Algumas regras de amantes:

— Descobrir a parte do corpo dela em que exala o perfume mais forte. Serão os pontos de maior excitação. Não precisa perguntar.

— Usar a respiração como voz.

— Não atalhar, abreviar e resolver. Mas avançar e recuar. Fazer o que mais quer, para em seguida mudar de ideia. Voltar atrás como quem extraviou alguma coisa importante.

— Não pensar muito, mas pensar o suficiente para não ser refém do corpo. Assistir a si mais do que atuar.

— Namorar as regiões em que ela tem vergonha. A vergonha é discreta vaidade.

— Não atacar, conversar com as mãos, conversar pelas mãos, conservar a atmosfera sem as mãos, apenas com a proximidade da nudez.

— Defender-se para mostrar a sua vulnerabilidade.

— Escutar o que ela não disse. Se ela falar, perdeu a graça.

— Não ter pudor. Fome é desejo. Expor-se à confissão.

— Procurar movimentos repetitivos e circulares. O gesto não termina de começar.

— Acariciar as costas com a cabeça e o rosto.

— Concentrar-se na dispersão.

— Não confundir preliminares com massagem. Não banque o sério, pois entedia. Combinar tranquilidade (estar à vontade) com insegurança (não saber o que vai acontecer). Despistar a sua movimentação.

— Quanto maior a espera, maior será a eletricidade. Não aguarde respostas rápidas. Desprendimento é diferente de descompromisso. Desprendimento é doação.

— Não dormir depois. Não se afastar com pressa. Continuar se beijando mansamente.

— Não questione se ela gozou. Ela vai detestar ou mentir.

— Esquecer qualquer regra no momento.

DELICADEZA

Da janela do avião, toda luz que pisca me confunde. Tento descobrir o que cada morador suscita, busca, por que repousa. Se alguma mulher arrasta os chinelos e abre a geladeira de madrugada, se um homem ronca e dorme de tevê ligada, se há uma criança que ainda acredita em velho do saco.

Eu queria ser cada uma daquelas janelas e telhados, mas sei que preciso ser primeiro o que me cabe.

Essa visão do alto me deixa em dúvida: pretendo ser o que os outros são por inveja ou por medo da minha vida?

Porque lá na luzinha bruxuleante não terei que decidir, resolver e inventar, mas na minha vida sim, haverá sempre alguma pergunta esperando uma resposta.

E eu repito a pergunta como um surdo, para pensar mais: Qual é o tempo que me preocupa tanto?

O tempo não existe para o desejo. O que se transformou em desejo queimará de qualquer jeito e em qualquer idade. Pode-se ficar velho, e o desejo da infância permanecerá pedindo.

Quando amamos alguém repentinamente, um desejo antigo encontra o seu rosto.

Há desejos disformes, desejos obscuros, desejos analfabetos, desejos secundários que não receberam muita atenção.

Nem sempre explico minhas atitudes porque os desejos conhecem mais de mim do que eu deles.

O desejo não se esquece, ele tem um lacre contra a violação.

Eu lavo a roupa para o desejo, lavo a louça para o desejo, varro a casa para o desejo, faço comida para o desejo, dou filhos ao desejo. Ele nunca está satisfeito comigo, pois desejo não é para ser saciado, é para saciar.

O desejo que não entendo é o que me conduz.

Desejo é o que resta de nossa vida depois da crise. Posso perder tudo, menos o desejo. Com um simples desejo, sou capaz de recomeçar melhor do que antes.

Da janela do avião, persiste a tristeza de ter sacrificado a possibilidade de ser diferente. Uma pontada curta e seca, um engasgo da respiração que não resulta em suspiro.

E reparo, com nostalgia, as cercanias iluminadas para desvendar o que poderia ter vivido: caso eu não terminasse o namoro, caso optasse por uma profissão diferente, caso não fosse inconstante, caso não desistisse de dizer o que sinto pelo desconforto. Entra-se num mundo hipotético sem fim.

Ao aterrissar, lentamente volta a serenidade e me defronto mais uma vez com o tamanho do meu corpo.

Todas as possibilidades descartadas não morreram no desejo. Estão lá, esperando a sua chance.

O que procuro é a delicadeza para o desejo vir à tona. A sutil delicadeza de ser chamado pelo nome. Não alto; muito menos baixo, mas no tom certo para não apagar a vela.

Ser chamado com urgência e convicção para dentro do amor é a única coisa que sei fazer mesmo quando não sei fazer.

CARLA

Minha irmã Carla, acho que nunca disse que passei a amar as mulheres a partir de você. Temos cinco anos de diferença, e sempre foi um dia entre os nossos nascimentos. Não mais do que um dia, graças a sua coragem de me buscar e não me deixar sozinho com os meus problemas.

Quero hoje lembrar-me de sua generosidade. É natural esquecer o que aconteceu na infância. Talvez você esqueça, pela pressa de trocar de roupa e ir para o trabalho. Pela pressa de arrumar os dois filhos para a escola. Pela pressão dos compromissos.

A irmã mais velha que me defendia dos colegas quando falava errado. A irmã mais velha que me chamava de bonito enquanto o mundo me apontava como extraterrestre. A irmã mais velha que me levava para passear ao lado do namorado e ainda tinha que encontrar um jeito de beijar longe de mim. A irmã que me segurou ao andar de patins. A irmã que contestou o casamento, saiu de casa para morar com o namorado, abrindo assim a liberdade para cada um dos irmãos depois. A irmã que corrigia meus exercícios de matemática. A irmã que ligava o som alto na sala e me obrigava a dançar para não fazer feio diante das meninas.

A irmã que organizou minha única festa de aniversário aos amigos. A irmã que eu chamava de Penélope Charmosa e que a salvava ao vê-la em perigo. A irmã que foi meu pai de vez em quando e foi minha mãe de vez em quando, e me ensinou a dirigir. A irmã que era linda na foto e fora da foto. A irmã que emagrecia para a praia. A irmã que poderia ser miss com um pouco mais de altura. A irmã que passou logo na primeira vez no vestibular para a UFRGS, que passou em primeiro lugar no concurso do Ministério Público, que juntava seus manos no mercado para comemorar com sorvete. A irmã que me mostrou que existia TPM. A irmã que apartava a briga dos pais e corria para acalmar as crianças. A irmã que me apresentou a Fernando Pessoa. A irmã que me dava mesada para fazer massagem em seu rosto. A irmã que não tinha reserva em fazer amizades. A irmã que me cedeu a janela no avião. A irmã que eu esperava chegar em casa para que a alegria fosse natural e certa. A irmã que me emprestou alguns palavrões para que eu amadurecesse. A irmã que escolhia minhas roupas no shopping. A irmã que me carregava no colo após correr o dia inteiro. A irmã que mudava de cor dos olhos como se as abelhas ainda estivessem em suas córneas operando o mel. A irmã que me dava conselhos, que me consolava ao perder amores. A irmã da qual roubei cigarros para fumar na escola. A irmã que lê os meus livros escondida. A irmã que soltava piadas na hora do jantar e provocava a família a derrubar preconceitos. A irmã que organiza churrasco para reunir a turma. A irmã que paga a conta do restaurante em segredo. A irmã que nunca demorou para chorar na minha frente. A irmã que é mais poesia do que a poesia que escrevo. A irmã que mora na rua de minha memória, esquina com a Soledade. A irmã que aumenta as histórias com a sua vontade de amar.

A irmã que não importa como e onde será a minha irmã mais velha.

Eu não me esquecerei de sua generosidade para lembrar-lhe que nasci — além do ventre materno — de sua teimosia em viver.

PRIMEIRO E SEGUNDO AMORES

O amor engana sua força. Sobrepõe a memória dos sentimentos à memória dos fatos.

É procurar cabelos para completar as mãos; é procurar o que não se viveu para contar.

É esperar o sol aquecer o lado ileso da cama.

É não apagar direito a ausência, a letra.

Não há descrição fiel que possa explicá-lo.

Adiar o amor ainda é cumpri-lo.

Fingir que não se sente é exercê-lo.

Desdenhar é elogiar.

Ofender é abrir a guarda.

Odiar é desesperar o atraso.

O amor devora os sobreviventes.

O amor não lembra do que precisa.

Amor é não precisar de nada.

É precisar do que acontece depois do nada, ainda que não aconteça.

A fraqueza é força física; o endereço, genealogia.

O amor complica para manter o mistério. Perde-se no próprio amor a capacidade de amar.

Quanto mais violento o primeiro amor, mais difícil será o segundo amor.

Quanto mais violento o último amor, mais calmo foi o primeiro amor.

As frutas postas na mesa não estão à espera da fome; ainda estão à espera da árvore. Amor é comer a fruta do chão. O chão da fruta.

O amor queima os papéis, os compromissos, os telefones onde havia nomes.

O amor não se demora em versos, demora-se no assobio do que poderia ser um verso.

Quem pensa que está fora do amor entra.

Quem pensa que está dentro sai.

A FALTA DE OPÇÃO

Não se tem como adivinhar o que virá, não se tem como suportar o que já veio, o que faz concluir que não se tem opção.

A infelicidade de um casamento de 15 anos, de um namoro de cinco, de um emprego de 10.

E não se muda nada, apesar da prisão e do desconforto, porque se botou na cabeça: não tenho opção.

E se segue adiante com uma vaga expectativa de melhorar o ânimo, ou ao menos o cardápio do almoço. Com a vaga emoção de alterar o trajeto. Com a vaga noção de desentendimento.

E se dorme e não se pode mudar, porque os filhos estão pequenos; e se dorme e não se pode mudar, porque os filhos estão crescidos; e se dorme e não se pode mudar, porque os filhos vão se casar; e se dorme e assim se esquece durante oito horas de sono, mas não é abafado o desânimo: a ferroada volta a arder ao acordar e se cogita ter vivido à toa.

Volta a suspeita de desperdiçar mais um dia da única eternidade que se conhece.

E o corpo lembra um livro emprestado que se precisa devolver à biblioteca. Um livro que não foi lido, sequer folheado por curiosidade. E a multa aumenta, e a vontade de ler diminui.

E se bota na cabeça, então, em alguma data indefinida: não tenho opção; em alguma latitude indefinida: não tenho opção; em algum aceno de cabeça, quando não suportava o silêncio tremer como uma boca chorando, quando não suportava os segredos escurecerem de mofo, quando não suportava a madeira nobre do armário perder as lascas da quina: não tenho opção.

E se permanece num casamento triste, cego, morno, como se a luz fosse forte o suficiente para derrubar o telhado. A luz não fala alto.

E se queria mais e se quer mais, e a resignação faz limpar as gavetas para queimar as pistas da inexistência.

Não se acredita em mais ninguém.

Não acredita mais em si, concordando com a família para terminar logo o assunto.

E se cala para não provocar briga, e se desculpa por não conseguir vencer a falta de opção.

Quem diz que não tem opção ainda tem opção. Mesmo que seja para gostar novamente do que deixou para trás.

Todos temos opção — sorrir ou ficar sério, brigar ou fazer as pazes, fugir ou pedir o divórcio, viajar ou pedalar o mar.

Ao atravessar a rua, tenho a opção de olhar para a esquerda ou para a direita, para a amizade ou para a sedução.

Há opção na falta de opção.

Há opção até depois da morte.

Não admito essa covardia de escrever a própria vida sem assinar.

EX-MULHER

Há dois tipos de ex-mulher: a que torna todas as escolhas futuras erradas depois da separação e a que torna todas as escolhas futuras acertadas depois da separação.

O resto é poesia ou Vara de Família.

VELHICE

Uma casa deve ser um livro com figuras. Tem que contar com quadros herdados, com olhos atrás dos quadros, com objetos que não sabemos ao certo de onde vieram.

Uma casa não pode permanecer arrumada, como se estivesse à venda.

Uma casa depende de alguma desordem mínima, um atalho, um alçapão, um porão, uma caixa de sapatos, para conservar mortos.

Uma casa precisa ser estranha por fora e íntima por dentro.

Uma casa tem que ter espaço para cuspir neblina e telhas para derreter queijo na chapa.

Uma casa tem que mostrar infiltrações de vez em quando, ter gripe, chorar pelas paredes.

Uma casa sem lagartixa não é ainda uma casa.

Uma casa tem que apresentar uma saída pelos fundos, mesmo que seja a janela.

Uma casa tem que pedir esmolas ao sol no inverno. Emprestar sede ao vizinho no verão.

Seu telefone é o varal.

Uma casa sem rabiscos de criança na tinta nova não é uma casa.

Uma casa tem que deixar os cabelos compridos, cumprir ninho crespo nos olhos, esboço de pássaros.

Uma casa ainda não é uma casa sem as histórias dos antigos moradores, sem o medo dos antigos moradores, sem a alegria do medo dos antigos moradores.

Uma casa tem que disputar corrida com a ameixeira.

Uma casa deixa seus filhos sozinhos para procurar comida.

Uma casa cisca estrelas para discordar da insônia.

Uma casa tem que deixar a luz acesa na varanda.

Uma casa ainda não é uma casa se não tropeçar no escuro.

Uma casa, quando ama, corta a grama, corta as unhas das sombras.

Uma casa odeia seus pais pela liberdade e odeia a liberdade para se reconciliar com os pais.

Uma casa tem que ser mansa como a relva, não fazendo barulho ao percorrer a terra.

Uma casa furta o miolo do pão e deixa só a casca. As formigas são as artérias da casa.

A casa é um homem que cochila na palestra da rua.

Uma casa respira pela boca.

Uma casa ainda não é uma casa se não embrulha os chinelos em jornais.

Uma casa precisa de espelho no bolso direito do armário.

Uma casa ainda não é uma casa se não escorre como mel abundante pelo pátio.

Uma casa se contradiz quando mente.

Uma casa exclama pelo portão.

Uma casa espera nunca morrer numa reforma.

Uma casa aumenta seu quadril depois da primeira gravidez.

Uma casa ainda não é uma casa se não desaparecer secretamente na gente.

DESTINATÁRIO DESCONHECIDO...

Eu escrevia cartas de amor. Não eram para ninguém. Escrevia cartas de amor como quem tenta distrair o amor até ele chegar.
Eu provoquei o amor.
Fiz de conta que existia para parecer ocupado.
Tantas vezes me declarei sem ter nada.
Quando o amor chega, as cartas de amor são desnecessárias.
Nossa letra treme como uma pálpebra.

CADEIRA DE BALANÇO

Ninguém se recosta numa cadeira de balanço se não pretende pensar.
Ninguém dorme sossegado em suas plumas de madeira. Não é um móvel qualquer, um cômodo, um assento.

Ninguém passa o tempo nela, mas é o tempo que se anula nela, como uma lesma que se mistura ao muro, como um vento que migra para a maresia.

A cadeira de balanço é um cavalo apeado que se movimenta unicamente pelas narinas, resfolegando, expirando a corrida recém-feita.

Um pouco mais do que uma escultura, um pouco menos do que um homem.

Ela é uma varanda no quarto, uma janela aberta, uma veia latejando.

Ela se entreolha enquanto se movimenta.

A cadeira de balanço não é silenciosa. Rumina. Uma torneira chiando de madrugada.

A cadeira de balanço nunca fica nua. Mantém o xale de crochê aos ombros. Protege os seios.

A cadeira de balanço é como sentar no colo da mãe, da avó, da bisavó. Pede-se licença. Ela tem o quadril largo de praça e suas duas pernas são enxadas descansando.

Todas as peças parecem inclinar e servir suas rodas.

A cadeira de balanço é um chapéu virado. Uma charrete subindo, uma árvore descendo.

As crianças que brincam nela logo pulam porque uma cadeira de balanço é também corrimão de escada.

É o primeiro degrau, o último sopro da velhice.

Eu fui amamentado em uma cadeira de balanço, embalei meus filhos entre canções e toques de recolher; meu avô morreu recolhido em seus braços.

ADEUS, MEU AMOR

Adeus, meu amor.
Logo nos desconheceremos. Mudaremos os cabelos, amansaremos as feições, apagarei seus gostos e suas músicas. Vamos envelhecer pelas mãos.

Não andarei segurando os bolsos de trás de suas calças.

Tropeçarei sozinho em meus suspiros, procurando me equilibrar perto das paredes.

Esquecerei suas taras, suas vontades, os segredos de família.

Riscarei o nosso trajeto do mapa.

Farei amizade com seus inimigos.

Sua bolsa não se derramará sobre a cadeira.

Não poderei me gabar da rapidez em abrir seu sutiã.

Vou tirar a barba, falar mais baixo, fazer sinal da cruz ao passar por igrejas e cemitérios.

Passarei em branco pelos aniversários de meus pais, já que você sempre me avisava.

O mar cobrirá o desenho das quadras no inverno.

As pombas sentirão mais fome nas praças.

Perderei a sequência de sua manhã — você colocava os brincos por último.

Meus dias serão mais curtos sem seus ouvidos.

Não acharei minha esperança nas gavetas das meias.

Seus dentes estarão mais colados, mais trincados, menos soltos pela língua.

Ficarei com raiva de seu conformismo.

Perderei o tempo de sua risada.

A dor será uma amizade fiel e estranha.

Não perceberei seus quilos a mais, seus quilos a menos, sua vontade de nadar na cama ao se espreguiçar.

Vou cumprimentá-la com as sobrancelhas e não terei apetite para dizer coisa alguma.

Não olharei para trás, para não prometer a volta. Não olharei para os lados, para não ameaçá-la com a dúvida.

Adeus, meu amor.

A vida não nos pretende eternos.

Haverá a sensação de residir numa cidade extinta, de cuidar dos escombros para levantar a nova casa.

Adeus, meu amor.

Não faremos mais briga em supermercado, nem festa ao comprar um livro.

Não puxaremos assunto com os garçons.

Não receberemos elogios de estranhos sobre as nossas afinidades.

Não tocaremos os pés de madrugada. Não tocaremos os braços nos filmes.

Não trocaremos de lado ao acordar.

Não dividiremos o jornal em cadernos.

Não olharemos as vitrines em busca de presentes.

O celular permanecerá desligado.

Nunca descobriremos ao certo o que nos impediu, quem desistiu primeiro, quem não teve paciência de compreender. Só os ossos têm paciência, meu amor, não a carne, com ânsias de se completar.

Você não encontrará vestígios de minha passagem no futuro.

Abandonará de repente o meu telefone.

Na primeira recaída, procurará o número na agenda. Não estará em sua agenda. Não se anotam amores na agenda.

Na segunda recaída, perguntará o que faço aos conhecidos.

As demais recaídas serão como soluços depois de tomar muita água.

Adeus, meu amor.

Terá filhos com outros homens.

Terá insônia com outros homens.

Desviará de assunto ao escutar meu nome.

Adeus, meu amor.

ONDE EU ERREI?

Em um dia sem outro igual, um homem joga tudo para o ar: a família, a mulher, a casa.

Não tão previsível, a mulher explode todo dia para não se acostumar com a paz.

O homem não abandona tudo sozinho. Arruma um cúmplice, alguém para o elogiar e suportar a autocrítica.

A mulher só depende de si porque assim lhe ensinaram e, quando parte, dificilmente retorna.

"Onde eu errei?", essa é a pergunta banal depois de todo fim de relacionamento.

Eu a faria do seguinte jeito: "Onde eu acertei?"

Conhecer as falhas não vai ajudar em nada o exame, pois somos tomados de complacência e não há como garantir o discernimento sobre o que representamos.

Enfrenta-se uma intoxicação, o sacrifício da verdade pela vaidade.

O orgulho toma o lugar do que seria de direito da dor.

Perdoa-se a si para não se perdoar o outro. Pior: tenta-se desmerecer o par que rompeu para que ele perca a credibilidade de contar seus erros, seu egoísmo, sua falta de vocação.

A intimidade de que tanto nos orgulhávamos será o motivo de pânico depois.

Nossa facilidade em enxergar o estrago que fizeram conosco não nos permite enxergar o mal que podemos ter feito.

Ficamos irritados com o que deixamos de ser mais do que com aquilo que fomos.

Toda relação acaba quando a memória do que não aconteceu é maior do que o desejo. Quando se escolhe desacontecer para agradar as conveniências da mulher ou do marido, ajustando os amigos e os conhecidos a uma prévia lista de selecionados inofensivos que não questionam e muito menos discordam. Podando-se o entorno e as circunstâncias, a transparência escapa.

Nenhum homem, nenhuma mulher consegue ser doméstico em turno integral.

Lembrar é falar, antes de escutar. Se escutássemos a recordação, em vez de legendá-la ou rascunhar datas, poderíamos ter sinceridade com o que passamos.

Os casais se contentam com a lealdade, nunca chegando a atingir a fidelidade.

Ensinaram-me que ser homem era um trabalho. Teria que me devotar a um emprego, deveria aprender a dirigir cedo, a namorar com indiferença, a mijar nos muros, a responder à realidade com força e firmeza.

Meus amigos perderam a virgindade em casas noturnas e saíram de lá como uma missão cumprida. Como uma circuncisão, a formalidade de um objetivo. Como uma manada que aprende a correr sem duvidar do corpo.

Ensinaram-me que deveria amar também como um trabalho. Fazer família significava mais uma tarefa de ser homem.

Eu rompi comigo, nunca mais regressei, nunca mais me revi.

Existe a percepção de lembranças solteiras, restos e emoções que nunca foram casadas ao longo de uma vida a dois.

Dói constatar que algo da individualidade não foi tocado, descoberto e permaneceu inatingível.

Talvez nem mais saibamos como chegar a esse arquipélago desconhecido.

Dói verificar que o que se levou do casamento foram dez quilos a mais.

VÍCIOS E FALHAS

Um casal que se une pelos vícios e falhas tem uma vida mais longa do que o casal aproximado pelas virtudes (esse deseja tudo, arde, vive na inconsequência das opiniões).

O marido e a mulher se convertem em álibis, dependentes, ligados pela fraqueza: um escolta o outro; um omite o pior do outro.

Há uma complacência que não é nem compaixão nem perdão. Já estão separados, por isso não podem mais se apartar.

Não estranham o prazo de validade, muito menos aguçam o sentido da ausência.

Sem estranheza, não há intimidade.

São imitadores do que deixaram de ser.

As brigas e os elogios são feitos no mesmo tom.

Até o cachorro da casa se torna monótono.

Não experimentam começos, mas apenas dão prosseguimento.

Preservam as semelhanças, não perseverando as diferenças.

Em vez de pedir licença para falar, pedem licença para silenciar.

Carecendo de capacidade de tomar decisões, representam, se exploram para não ir a compromissos ou para alegar o que não querem. Não há surpresas, e sim sobressaltos.

Perde-se a companhia para se ganhar um porta-voz.

Esses casais não protegem o amor, porém o segredo que destruiu o amor.

VENENO

Toda intimidade é ódio economizado. Vamos entender. Há doação, partilha. Esvaziam-se o relicário, armários, gavetas, lembranças.

Parte-se do princípio de que se ficará com o par a vida inteira. Conta-se até o que não se tinha consciência.

De repente, surge a briga. Em um desaforo, a leal companhia passa a envenenar o que havia sido confiado em segredo.

A sinceridade vira fraqueza. Não existe jeito de readquirir os desabafos.

Começa o julgamento. Não, volta um pouco atrás. O julgamento começava antes nos almoços e jantares com casais amigos.

A mulher ou homem casado adora contar o que um ou o outro apresenta de patético: que ele ronca, que ela grita, que ele mija sentado, que ela fuma escondido, que ele adora ninfetas, que ela adora velhos.

O lazer é espezinhar, aos golpes de risadas.

O amor converte sua autoridade em autoritarismo.

A proximidade inspira a maldade.

É de se entender que a maior força da mão está em não usar a sua força.

PODE CHORAR EM MINHA BOCA

Quando a gente ama, a cidade encolhe.
Quando a gente ama, atravessa-se a cidade sem contar as quadras. Rodoviária é perto de qualquer lugar. É como nadar em uma raia infinita. Não se nota o trajeto, não se controla o esforço, não se repara no cansaço. Desenhos em portas, fruteiras e fachadas antigas estimulam o gosto de seguir adiante. Os bares e lugares são descobertos ao acaso, como gravuras avulsas de um livro. Caminha-se ao som dos anéis, embalado pelas conversas que não terminam, pelo muro que se sobe para testar as molas dos pés na descida, pelas escadarias que são o sofá dos namorados noturnos.

Quando a gente ama, a cidade baixa os telhados. Não é preciso se escorar para respirar. Não precisamos de bengalas, aldravas, guarda-chuvas, esteios, muletas, corrimões, maçanetas e trincos. Não se envelhece, a gente se espalha.

Quando a gente ama, não há fim, não há mapa, não há tristeza sozinha, não há taxímetro estipulando preço. As paredes dão licença. As estátuas conspiram datas. As praças mudam de lugar. É uma corrida solta, dispersa, distraída, como uma alegria nova. A voz não sobe mais do que um pássaro. A cidade se torna menor do que a amizade, menor do que os cílios engavetando a lua. A cidade se torna tão pequena, que caberia no bolso do casaco como um isqueiro. Caberia no bolso do casaco como um comprimido. Caberia no bolso do casaco como um preservativo. Caberia no bolso do casaco como um relógio quebrado.

Quando a gente ama, as ruas escorrem como calçadas lavadas. Escorrem como temporal. O meio-fio incha de barcos. As garagens perdem seu declive. As ruas ficam líquidas, as ladeiras só descem, as curvas acentuam as luzes.

Fácil ir, pois não tem volta; fácil ir, pois não tem a exigência do retorno; fácil ir, pois a mão descansa do ônibus; fácil ir, pois não procuramos moedas e o contorno dos nomes. Não existe velocidade comparável a dois corpos decididos, doados, dados, esculturas mais juntas do que fogo.

Quando a gente ama, as vitrines são as janelas das pernas. Consulta-se o retrovisor para ajeitar a carne dos lábios. A camisa está dobrada no corpo com a sobra de uma mala. Vontade de viajar pela língua e pela ponta dos dedos.

Já quando a gente se separa, a cidade aumenta.

DESTINATÁRIO
DESCONHECIDO

Este texto não é para ser lido por você.
Não começará ou terminará com um obrigado ou por favor.

Como uma carta que nunca é encontrada, uma carta que se perdeu e ninguém avisou.

Será uma carta que para você escrevi sem recompensa, uma carta pura, não esperando a retribuição de um telefonema.

Uma carta que escondi em um sapato antigo e você acabou doando a uma outra pessoa, sem nunca tocar em seu fundo.

Uma carta não lida, assim como um dicionário.

Uma carta como uma raiz trincando o vaso, um brinco sem par.

Uma carta que não é consolação, em que não me explico, que não cobro, que não peço nada.

Uma carta assim como um vestido usado uma vez, como um número anotado às pressas, como uma aliança que nunca se tira.

Uma carta escrita com devoção, para dizer que o caracol sempre está reformando a casa, que o mar quer discutir a relação no fim do escuro, que o limão pula do trapézio sem proteção.

Uma carta mínima para dizer distrações, soprar inconfidências, para não resultar em testamento.

Uma carta que é livro infantil, com mais desenhos do que palavras.

Uma carta retraída como uma conversa em parada de ônibus.

Uma carta inconsequente, como todo amor inconsequente.

Uma carta como quem anda nas marquises para recolher o seu gato.

Uma carta sem salto, sem gola, sem gravata, sem dedicatória, assinatura e data.

Uma carta que seja a de um estranho em sua casa. Uma noite sem o fiado de estrelas, trigo que acorda disposto a cortar as tranças.

Uma carta que fala separada por um balcão, um portão, um muro. Que fala com o corpo avançado e as pernas recuadas.

Uma carta espalhada em pedaços como cigarras no quarto.

Uma carta com verdades e neblina, sem orgulho e sono, dobrada como um mapa rodoviário.

Uma carta com o esqueleto de um pêssego. Que não pode ser destruída porque você não chegou a ler.

Uma carta como um bilhete velho, uma nota velha, uma bolsa de praia.

Uma carta que ajuda o rio a escolher a sua roupa, que não floresce em pó.

Uma carta como uma bondade desajeitada, um número de crachá.

Uma carta que não tem joelhos, como os peixes.

Uma carta que se pronuncia redonda em cada vogal. Sem a pretensão de poema, sem corrigir a concordância.

Uma carta compacta como um favo. Que olha de longe, que vive perto.

Este texto não era para ser lido por você.

Somos dois enganos assustados, um pedido de socorro, uma curiosidade, uma coincidência.

Não se rasga mais o que já foi lido.

SOLIDÃO DE MÃE

A maternidade é uma solidão sem tamanho. Depois da festa do batizado, os conhecidos desaparecem. Podem até elogiar o bebê e fazer voz infantil em encontros esporádicos. Firma-se uma segregação silenciosa e terrível. É imposição de que a mãe saiba o papel naturalmente e possa suportar a desvalia. Enxergam o filho como um troféu, porém não reparam que o campeonato está no início. Talvez não seja por mal, muitas pessoas próximas se distanciam com receio de incomodar.

Nenhum homem entenderá, mesmo que seja participativo. O humor muda, o corpo perde a sua rigidez e fica tão cansado que nem encontra estímulo para o sexo.

Parece que não haverá saída. Mesmo com babá, uma escapadela de quinze minutos e já se estará telefonando apavorada para casa, pedindo relatos detalhados dos últimos instantes.

Instala-se a culpa, culpa social de aproveitar a vida, pavor social de que possa vir a ser acusada de negligente. Claro que são fantasmas. Fantasmas da vulnerabilidade.

Ainda bem que ela tem um trabalho para pensar em outra coisa e se sentir útil. Imagina o que sofreram nossas avós?

Adianto, é uma fase provisória. Não é desperdício de tempo, ainda que raros a valorizem. O filho crescerá e descobrirá isso com seus próprios olhos.

Não desanime e procure se distrair. Estabeleça horários para a sua diversão, mesmo que seja um cinema sozinha ou um passeio no parque.

A questão é preservar o raciocínio, a confiança e o humor. Diante das dificuldades, verbalize e destile veneno. Fale o que a incomoda de cara ao marido ou aos familiares, sem deixar que a preocupação se transforme em raiva reprimida.

A risada e a espontaneidade desestressam.

Não será o jornal ou a fofoca no cabeleireiro que a deixarão feliz — se bem que eu não conseguiria viver sem os dois.

O primeiro passo é fortalecer a estima, comprar — por exemplo — flores que sejam para despertar a mudança. Ou escrever um diário para sujar bastante o papel e exorcizar a carência.

Não aguardar, guardar as gentilezas.

Não se deixar levar pela rotina, como se não houvesse a possibilidade de algo novo em seu dia.

Não vale se confinar no quarto e se desculpar por antecipação, pois ninguém a entenderá.

Quantas vidas enfrentam uma situação semelhante? Os amigos surgirão da vontade de convivência, da empatia, da identificação, do seu bem-estar. Os amigos são seduzidos, assim como os amores.

A exclusividade apaga a personalidade.

Viver para o filho não é bom: deve-se aprender a viver com ele.

O QUE UM HOMEM QUER?

O homem não quer nada, quer descobrir o que quer no meio do caminho.
O homem não quer ser elogiado em excesso, senão pensa que é deboche.
Quer dormir por nocaute, não por escolha.
Quer viajar o suficiente para não voltar a ser ele mesmo.
Quer chamar atenção em público, ficar quieto a dois.
Não quer o meio-termo.
Quer falar mais do que devia, calar mais do que podia.
Não quer se explicar quando está errado.
Quer ser explicado quando está certo.
Quer magoar sua mulher criticando a sogra.
Quer se magoar provocando ofensas.
Quer concordar para resolver depois.
Quer surpreender com o número errado.
Quer ter a razão quando falta o desejo.
Quer jantar com calma, almoçar rápido.
Quer o passado perto como um abajur.

Não quer mistérios, quer segredos para contar aos amigos.
O homem quer um violão para esconder as suas dores.
Quer sair para poder voltar.
Quer conversar à noite para diminuir a culpa.
Quer uma gaveta para amontoar a infância.
Quer mostrar disposição quando está cansado.
Quer consolar para evitar o choro.
Quer sexo quando fala em amizade; quer amizade quando fala em sexo.
Quer se duvidar ao extremo para se confirmar em seguida.
Quer pescar para mostrar paciência.
Quer o emprego do outro, o prato da outra mesa.
Quer fingir que sabe o que não entende.
Quer entender durante a conversa.
Quer fazer sofrer o que ainda não sofreu.
Quer amar sem começo.
Quer casar sem papel.
Quer ter um confidente para não se trair.
Quer rir alto sem trocar a marcha.
Quer usar suas roupas até gastar.
Quer ter seus lugares prediletos.
Quer privacidade em banheiros públicos.
Não quer ser convidado a carregar peso.
Quer dançar sem comentários.
Quer beber sozinho a sua ressaca.
Quer escutar seu nome para voltar ao papo.
Quer jogar futebol para diminuir a idade.
Quer se contestar quando não há dissidências.
Quer a última palavra.
Quer ser desejado por vaidade.

Quer a fama ainda que seja mentira.
Quer chegar atrasado para não ficar esperando.
Quer esperar na porta para não se arrumar.
Quer fingir pressa para não desabafar.
Quer pular o domingo.
Quer se arrepender do que não fez.
Quer mais ser esquecido do que ser vagamente lembrado.
Quer que a mãe não conte suas manias e apelidos no jantar de família.
Quer iniciar o que não terminou.
Quer interrogar o próprio ciúme.
Quer desistir das expectativas.
Quer expectativas para não desistir.
Quer receber visitas na hora errada.
Quer telefonar para não dizer nada.
Quer amar os filhos como se fosse um filho.
Quer ser pai de seu pai.
Quer orar nos ouvidos do mar.
Quer ser ilegível para deixar dúvidas.
Quer morrer de mãos dadas.
Quer viver sem trégua.
Quer adivinhar sua mulher pela respiração.
Quer a aparência de uma aventura.
Quer disciplinar a chuva.
Quer ter uma árvore para atravessar o rio.
Quer transformar seu dever em direito.
Quer enganar sua fome.
Quer escrever para não publicar.
Quer arrancar os dentes do relógio.
Quer esticar o elástico da terra.

Quer reservar os olhos como uma mesa.
Quer dominar seus impulsos.
Quer se reconhecer na neblina.
Quer se sentir inteiro ao desfazer a bagagem.
Quer que a água continue seu cabelo.
Quer recuar para se repartir.
Quer avançar para se repetir.

O QUE UMA MULHER QUER?

Uma mulher não quer que o homem fique perguntando a toda hora o que ela quer.
Ela não quer ser definida, mas compreendida.

Não pretende discutir relacionamentos no fim da noite, mas os filmes a que ainda vai assistir, as expressões que ainda vai aprender.

Uma mulher escolhe inúmeras vezes a roupa, não porque seja volúvel ou tem dificuldades para decidir-se, mas para ver seu corpo em sequência. As roupas são o espelho, o espelho não é o espelho.

O que a mulher quer está longe de significar um controle remoto; ela deseja que seus ouvidos sejam rezados com insistência, em voz e vela baixas.

Ela deseja que o homem adivinhe seu desejo.

Que fale palavras rudes com ternura, que fale palavras ternas com violência.

Que a paixão seja inventada, em vez de datilografada em sinais e segunda via.

Porque quando uma mulher goza, ela sai de seu corpo; o homem fica em seu corpo, assistindo-a.

O que uma mulher quer é visitar a mãe sem medo da mãe. Falar com o pai sem medo do pai.

A mulher quer a inocência do medo da infância.

O que uma mulher quer é uma piada que a faça rir bonita, não uma piada que a faça rir de qualquer jeito.

O que uma mulher quer é que o homem feche a porta de noite para ela abrir de manhã.

Ela quer ter um filho para não se matar de amor por uma única pessoa.

Uma mulher quer a esperança de não ser ela, ao menos mensalmente.

Ela quer falar com as amigas o que um homem não sabe ouvir.

Ela não quer que o homem mude de assunto porque não lhe interessa.

Quer que o homem entenda que nem sempre ele é o seu assunto preferido.

Ela quer dançar para outros homens, para chamar o seu para perto.

Uma mulher quer ser restituída de suas falhas, quer que acreditem nela quando mente, que duvidem dela quando fala a verdade.

Uma mulher quer percorrer a saudade, e não se abandonar.

Uma mulher quer Deus estendido como uma praia vazia.

Quer ser perfeita dentro de suas imperfeições, detalhista em suas expedições pelas sobrancelhas.

Uma mulher quer conversar para se perseguir.

Quer ser olhada nos olhos, na cintura dos olhos.

Quer que a janela se incline como um girassol.

Quer ir vivendo o que não entende.

Quer dizer o que sofre para não sofrer do mesmo jeito.

Uma mulher quer descer do mundo em movimento.

Ter sonhos eróticos para embaralhar as lembranças da semana anterior.

Criar uma outra mulher dentro de si que a contraponha.

Que seja legível como um pássaro no escuro, um rio no escuro, uma fruta na água.

Uma mulher quer se sentir pressentida ao andar de costas, nunca chamada ou assobiada.

Uma mulher quer descansar com afeto, sem intenções outras, ter os cabelos alisados e um colo, para perdoar o dia.

Ela quer que o homem a ajude a enterrar o passado com direito a uma cruz e um nome.

Que a ajude a desenterrar o futuro.

Ela quer andar no mistério, mas de mãos dadas.

Ela quer ser surpreendida com um beijo nos ombros, agradecer um espanto.

Ela quer que a felicidade não seja permissão.

Ela quer conferir se tudo vai dar certo para errar com vontade.

Ela quer descobrir o que a vida quer dela nem tarde ou cedo demais.

Ela quer que o homem feche as antigas relações e os frascos do banheiro.

Uma mulher não quer que o homem fale por ela, como eu tentei fazer.

Este livro foi composto na tipografia
Joanna MT, em corpo 11,5/15, e impresso em
papel off-white no Sistema Digital Instant Duplex
da Divisão Gráfica da Distribuidora Record.